道德经全集

国学国艺必读丛书

册一

北京联合出版公司

【生命智慧　蕴藉无穷】

总序

中华文明的历程，源远流长，据地下出土的实物考证，迄殷商之际，就已经出现文明起源的标志——文字。此种文字，或刻于甲骨，或铭于青铜，概因材料限制，所记史事无不约略而简明。春秋时期，简牍出现，而后缣帛流传于世。但仍未步入寻常百姓家。直到纸张的出现，典籍才真正扩大了传播的范围。

璀璨的中华民族文化典籍，先后在这些载体中延续，为后世留下了一笔宝贵的精神财富。延至唐代，雕版印刷术的发明，加快了典籍的传播进程。有宋以来，活字印刷术的出现，使大批量典籍的印制成为可能。刻书不再为官府独有，开始扩大到民间。两宋三百余年间，刻书事业极为兴盛，据不完全统计，官私刻书竟达一万多种，而印刷数量更是以千万来计，各种名目的图书进入了百姓之家。即便元代，虽不足百年，然刻书数目也达到三千多种，蔚为可观。

然而，随着朝代更迭，『兵燹』与『祸乱』并行，各种典籍散佚极其严重，加之历代执政者焚书，传世典籍已经日趋珍稀。至明清，唐五代时期所刻典籍，如片鳞只甲，大多湮没于世；而宋元时期所刻典籍，亦所剩无多。宋版书千金难求，一旦偶获，即被奉为瑰宝。无怪乎清代版本学家、校勘学家顾广圻发出这样的概叹：『宋元本距今远者八百余年，近者不足五百年，而天壤间乃已万不一存。』

时至今日，文物古籍已成稀世之宝，多被束之高阁，藏于各大图书馆、博物馆之中。随着科技的进步，通过高超的影印技术可以把古籍准确地还原出来，让人思接千载，神游万仞。但令广大读者遗憾的是，面对这些艰涩的辞句，真能入乎其中、探骊得珠者，为数甚少。而境外诸邦，咸称中国传统文化，尊奉其为修身真理，治世良策。有鉴于此，新排古籍应运而生。这种融古今于一体的出版方式，真正适应了大众读者的需求。它采用了线装的形式，加入现代人的阐释和解读，使这些曾闪现在历史长河中鲜为人知的思想火花，呈现出绚丽的光芒，有力地推动了中华文化在海内外的传播和发展。

前言

两千年前，老子骑青牛，过函谷，西出流沙不知所终。两千年后，我们手捧《道德经》（亦称《老子》）——他过关前留给后人唯一的著作，默默地读着这个老人所说的一切，如奉圭臬。

老子留给后人太多的想象空间，以至人们渐渐将他神化，就连他的出生与去世，都被后人描绘得那样浪漫而传奇。道教更将老子奉为道祖，尊为太上老君。种种的遐想赋予了老子太多的神秘色彩，然而，真实的老子是什么样的呢？老子的《道德经》里面，到底又记述了怎样的智慧呢？

翻开他的书，最先接触到的就是他的『道』。《道德经》不过五千言，讲到『道』的地方就有七十多处。老子认为，事物种种的玄妙，都是从『道』中而来。那么，『道』究竟在哪里呢？在老子的哲学里，『道』在宇宙当中，也在茶杯里面：天地当中，有『道』；一草一木，有『道』；一器一皿，有『道』……；『道』无处不在。老子的智慧，朴素而深远，给人们一种智慧的启迪。

鉴于此，我们重新编辑了这部《道德经》，希望能将老子的思想原原本本地呈现给读者，使他可以跨越时空的距离，继续与我们做心灵的对话，给我们以睿智的启示与警醒。我们力求能紧扣今人面临的心灵困惑，从现今人们的处世之道、交友之道、人格修养之道、理想和人生观等方面，来重新传达老子的思想，用独特的视角，解读《道德经》。

书中题解、注释、译文、读解心得将《道德经》中玄奥的道理娓娓道出。中国古代的优秀版画插图配以精辟的图说文字，对《道德经》进行精心诠释。精辟名家批注、趣味经典事例，让读者能够多角度地理解《道德经》，理解老子。最后附《抱朴子》部分内容作为此书的补充，让您更深层次地了解『道』之玄妙。

走出函谷关的老子，给人们留下的，除了那五千言外，再无任何讯息。但《道德经》却像部谜书一样，给后人留下了说不尽的话语空间。老子所阐述的『道』之精要，人们未必能够全部理解，但是他所说的抱朴守真、轻利寡欲、绝巧弃智、致虚守静、无私不争、无为不矜等处世原则，即使今天读来，仍使人收获良多。一本凝聚生命智慧的经典之作，将帮您开启人生智慧之门。

目录

册一

上篇

册二

目录

目录

册四

目录

上篇

生命智慧蕴藉无穷

老子，我国古代伟大的哲学家、思想家，道家学派创始人。老子晚年乘青牛西去，在函谷关写成了《道德经》（又名《老子》）。关尹得之，终日默诵，如获至宝。

《道德经》分为上下两篇，上篇言宇宙之本根，蕴含天地变化、阴阳变幻之机妙，称《道经》；下篇言处世之方略，蕴含进退之术、长生之道，称《德经》。书中以『道』来解释宇宙万物之演变，含有丰富的朴素辩证法思想及民本思想，含蕴深远。《道德经》、《易经》和《论语》被认为是对中国人影响最为深远的三部经典思想巨著。其学说对中国哲学发展具有深刻影响。

第一章

题解 老子在《道德经》的第一章中，就提出了『道』这一概念。『道』作为老子哲学的专有名词和核心概念，在《道德经》全书中频频出现。本章的第一个『道』，指的是宇宙间万物存在的本源与实质，任何事物的发展，无不依靠『道』这一原动力。老子指出，这种『道』是不能用任何语言完美地表述出来的，故『道可道，非常道』。从今天的辩证唯物主义哲学角度来看，这恰恰反映了语言、思维和客观存在之间的关系。

老子进而认为世界本生于无，『道』从『无』中创造并主宰世界，这与古代西方哲学认为上帝是世界创造者的观点相比，更具有唯物主义的理性光辉，这也正是老子哲学的精妙之处。

原文 **道可道**[1]**，非常道**[2]**。名可名**[3]**，非常名。**○王弼《道德真经注》：可道之道，可名之名，指事造形，非其常也。故不可道，不可名也。○唐玄宗《御注道德真经》：道者，虚极之妙用。名者，物得之所称。用可于物，故云可道。名生于用，故云可名。应用且无方，则非常于一道。物殊而名异，则非常于一名。是则强名曰道，而道常无名也。○司马光《道德真经论》：世俗之谈道者，皆曰道体微妙，不可名言。老子以为不然，曰道亦可言道耳，然非常人之所谓道也。名亦可强名耳，然非常人之所谓名也。常人之所谓道者，凝滞于物。所谓名者，苛察缴绕。**无名天地之始**[4]**；有名万物之母**[5]**。**○宋徽宗《御解道德真经》：道常无名，天地亦待是而后生，《庄

老子

老子是春秋时思想家，道家创始人。他所著《老子》一书幽微精妙，其中有『玄之又玄，众妙之门』之语。

公孙龙

春秋战国时期的思想家、哲学家，名家离坚白派的代表人物。善于辩论，主要思想保存在《公孙龙子》一书中。

子》所谓生天生地是也。未有天地，孰得而名之？故无名为天地之始。有天地然后万物生焉，故有名为万物之母。〇王夫之《老子衍》：众名所出，不可以一名名。名因物立，名还生物。夫既有『始』矣，既有『母』矣。**故常无欲以观其妙；常有欲以观其徼⑥。**〇司马光《道德真经论》：徼，边际也。万物既有，则彼无者宜若无所用矣。然圣人常存无不去，欲以穷神化之微妙也。无既可贵，则彼有者宜若无所用矣。

然圣人常存有不去，欲以立万事之边际也。苟专用无而弃有，则荡然流散，无复边际，所谓有之以为利，无之以为用也。〇王夫之《老子衍》：边际也。而我聊与『观』之；『观』之者，乘于其不得已也。**此两者同出而异名，同谓之玄⑦，玄之又玄，众妙之门⑧。**〇陈致虚《道德经转语偈》：众妙应须无以观，更将有向窍门看。可名物母明明说，两颗胡珠转玉盘。明太祖《御注道德真经》：为前文奇甚，故特又赞之。

注释 ①道可道：第一个『道』是老子哲学的专用名词和核心概念，在《道德经》中多次出现，但在不同的地方有不同的含义，主要意思有三种：一是指形而上的实存者，即构成宇宙万物的最初本源；二是指宇宙间万物的发生、存在、发展、运动规律；三是指存在于人类社会的准则、标准。此处的『道』是第一种含义，即指宇宙万物的本源与实质。它可以感知而不可见，无影无形却又是真实存在着的；他是产生宇宙万物的本体，确定了宇宙间万物的运动、变化，而它本身却是永恒不变的。第二个『道』，作动词，描述、表达之意。②非常道：这句话以否定句阐述了作为宇宙万物本源的『道』是不可名状的。非，表否定，不是。常，恒常、永远。③名可名：名可以说出来。第一个『名』，是老子哲学的专用名词，是对『道』的具体称谓，具有名称与内容相统一的意义。第二个『名』，动词，称呼、称谓之意。④无名天地之始：可以称它为『无』，因为它是天地的本始。名，动词，命名、称呼。天地之始，天地形成的开端。⑤有名万物之母：可以称它为『有』，因为它是万物产生的根源。有，万物竞相生成的状况。母，根本、根源。⑥徼：界限，踪迹。⑦玄：老子哲学中一个重要的概念，幽昧深远的意思。老子研究的是『道』，『道』的形而上性质决定了它神秘幽昧、深不可测。⑧众妙之门：万千事物变化的总门，也是通往宇宙本源之门。

譯文 『道』这种东西可以表述出来，但表述出来的就不是永恒的『道』。『名』也可以说出来，但说出来的就不是永恒的『名』。我们可以称它为『无』，因为它是天地的本始；也可称它为『有』，因为它是万物产生的根源。因此，从欲望消解的角度，能够揣摩出它的奥妙；从功利性的角度，可以探寻它的踪迹。这二者实际上出于同一源头而名称不同，它们都是很玄秘的，这正是宇宙间一切奥妙的源头。

讀解心得 首先，老子触及了一个在中国古典哲学中相当重要的概念，即『名』。与『名』相对立的概念是『实』。『名』与『实』之争在中国古典哲学中占据了十分重要的地位，甚至产生出一个哲学流派—名家，也是百家中的一家，名家所讨论的问题，实际上就是西方形式逻辑的内容。相传战国时期有个公孙龙，他想牵着马过关。但当时国家有规定，不允许将马带出关外，公孙龙牵着马走到关口时，守关人拦住他说：『不能把马匹带出关外。』公孙龙回答说：『我牵的是白马，并不是马，白马不是马，规定中说马不许出关，并没有说白马不许出关。』公孙龙巧舌如簧的辩解，最终使他牵着白马大摇大摆地出关去了。名家的这段『白马非马』论是中国哲学史上一段著名的公案。

老子认为『有』与『无』同出而异名，其实『有』与『无』实际上是一回事，这个观点确实惊世骇俗，但其意蕴深邃超远，也不是西方的『否定之否定』哲学原理能简单涵盖的。老子的『有』与『无』只能说玄之又玄，只可意会，难以言表。的确是『道可道，非常道。名可名，非常名。』

老子的『道』中同时包含了『无』和『有』。他认为可以通过『无』和『有』两种方法去认识『道』。『常无欲以观其妙』中的『观』是认知的意思，『其』代指『道』。意思是从『道』的本体『无』为切入点认知世界，就可以得到『道』的奥妙精髓。『常有欲以观其徼』从『道』的作用『有』入手认知世界，就可以得到『道』的博大精深。

相对于古代社会的物质匮乏，人们却有着非常丰富的精神世界，能从『无』的角度去感受世界、认知世界，从而产生了许多哲学家，但实验科学却相对薄弱。古人常以哲学、数学的方法去感悟事物和真理。因为哲学起源于哲学家的感悟，以此为依据建立起一套理论去认知世界，没有以实践作为基石。数学与哲学相类似。所以老子认为首先用感性的方式，既哲学、数学的方法去认知世界，就会得到『妙』也就不足为奇。同时对以『常有』的方法去认知世界，老子也表现出极大的宽容和理解，并没有一味的否定，郑重其事地把它写在了第一章。他说的『常有』，按通俗意思讲即是使用实验科学的方法，如物理、化学、生物、医学等方法，用实践为基础的手段去认知世界，就会得到『徼』。不过可惜的是，后人却太重视以『常无』的方法去认知世界，而忽视以『常有』的方法去认知世界。这不得不算是中国古代先人智慧的遗失。

经典事例

孔子问礼

春秋时期，孔子苦苦研究关于礼的学问，可是始终得不出结果。后来，他听说老子知识渊博，经过多年的苦心钻研，已经悟得『天道』，就作出决定，要拜访老子。他到达了周朝的都城洛阳。老子见孔子来访，便主动问道：『我听说，你如今已经成了北方有名的贤者，但不知道你现在是否已经悟得了「天道」？』孔子回答说：『我还没有悟得「天道」。』老子又问道：『那么，你是用什么方式去探求「天道」的呢？』孔子回答说：『我一直钻研「礼、仁义」，我是以制度教化来寻求的。到现在已经整整五年的时间，还是没有悟到。』老子又问：『你又是如何继续去寻求的呢？』孔子回答说：『我是从阴阳二气的变化之中寻求的，已经十二年了，依然一无所获。』

老子说：『所谓的阴阳之道是眼睛看不到，耳朵听不到，言语表达不了的，也是一般的智慧所无法把握的。所谓的得「道」，其实只能是体悟「道」，你如果想像认识有形、有声的实物一样去认识「道」，那是既听不到，又看不到的，如果想用言语来表达，也没有适当的言辞能够表达清楚。』

老子看了看孔子，稍微停了一下，又接着说：『你说你已经寻求了十二年而没有

问礼老聃

《礼记·曾子问》曾四次记载孔子问礼于老子。

得「道」，那是理所当然的。如果「道」是可以奉献出来的，那么大家都会把它献给君王；如果「道」是可以用来进贡的，那么子女就都会把它进贡给自己的父母；如果「道」可以告诉给别人，那么就没有人不把它告诉自己的兄弟；如果「道」可以赠予他人，那么就没有人不赠予自己的子孙后代。但是，这些都只是假设，是根本实现不了的。原因就在于「道」看不见、听不着，不可言传、不可赠送。寻求「道」，关键就在于你内心的感悟。如果心中没有这种感悟，那么就不能保留住「道」；心中悟到了「道」，还需要和外界环境相印证。可以说，真正的得「道」之人是清静无为的，他生活简朴却能满足，他不以施舍者自居其功，也没什么耗费。自己贞正的人才能使别人贞正。如果自己的内心不能正确地领悟大「道」，那么心灵活动就不会通畅。』

孔子听了这些话，深有感悟，于是起身告辞。

临别之时，老子又对孔子说：『富贵之人喜欢用钱财送人，有学问的人喜欢用言辞送人，我算不上是有学问的人，但还是送你几句话吧！』老子停了一下，说道：『孔丘，你所极力要恢复的周礼早就已经失去生命力了。你时来运转的时候就驾着马车去为官，一旦生不逢时就像蓬草一样随风旋转。你应当知道，善于经商的人，总是把货物藏起来，好像什么都没有一样；道德高尚的人外表谦虚得像个愚人。抛弃你的那些傲气和欲望吧，这些东西对你来说没什么好处。』

老子的这番话，对孔子触动非常大。他对自己的弟子们说：『鸟，我知道它们善于飞翔；鱼，我知道它们善于游水；兽，我知道它们善于奔跑。对于鸟，我可以用弓箭射它；对于鱼，我可以用渔网捕捉它；对于兽，我可以用陷阱将它擒获。至于高飞于天上的龙，我不知道它的形状，也不知道它是怎么样乘风飞天的。今天我看见了老子，就像见到了龙一样！』

这个故事流传甚广。从老子与孔子的谈话中，我们就可以感受到『道』的深奥与玄妙，这也正是『玄之又玄』的原因所在。

轮扁斫轮

春秋时期，有一位擅长制造车轮的人叫轮扁。

有一天，齐桓公坐在殿堂之上读书，轮扁则在堂下制造车轮。齐桓公读到精妙之处，禁不住摇头晃脑，口中也念念有词，非常得意。轮扁看到桓公如此爱书，心中十分不解。他放下手中的工具，走上堂来问齐桓公：『请问，大王所读的书，上面都写了些什么呀？』齐桓公回答道：『书上写的都是古圣先贤讲述的道理。』轮扁说：『请问大王，您说的那些圣人现在还活着吗？』齐桓公说：『他们早就已经死了。』于是轮扁又说：『那么我斗胆说一句，大王您所读的这些书，只不过是古人留传下来的糟粕罢了。』

齐桓公听了这话很是生气。他对轮扁说：『你说圣人留下的书都是糟粕，如果你能说出道理，我就饶了你；如果你讲不出道理来，我就非杀了你不可！』

轮扁不慌不忙地回答说：『我是从自己从事的职业和工作的经验体会来看这件事的。就拿我砍削车轮这件事来说吧，要是速度慢了，车轮就会被削得很光滑，但是不坚固；速度快了，车轮就会被削得粗糙，也不合规格。我只有不快不慢，才能得心应手地制造出质量上乘的车轮。如此看来，削车轮这件事也有它自己的规律。可是，我只能用心去体会，从而悟到规律，却难以清楚明白地用言辞讲授给我的儿子听，因此我的儿子就无法从我这里学到砍削车轮真正的技巧。如今我已经七十岁了，还是要凭自己的感觉去砍削车轮。可见，古代那些圣人心中那些只可意会、不可言传的思想精华已经伴随着他们死去了。所以我说，大王您今天所读到的书，只是一些古人留下的粗浅的东西罢了。』

这则寓言说明了一个道理：语言是不能尽善尽美地表情达意的。所谓的『道可道，非常道』，也是老子在语言表达不畅的情况下的无奈之言。

第二章

题解 在这一章中，老子更进一步阐释了哲学的本体论问题。他认为，形而上的『道』是永恒的、绝对的，而我们平时接触到的一切事物都是相对的。他用万物相生的辩证法思想来解释我们所看到的这个世界，并将这一观点推及到人类社会的发展上来。人世间的一切价值取向都是人为设定的，其中必然充斥着不同个体之间相异的主观判断，这就是引起人世间纷争的根源。于是老子提出了『处无为之事』，『行不言之教』的观点，『作而弗始，生而弗有，为而弗恃，功成而弗居』正是老子关于行『无为』之道的方法论。

原文 **天下皆知美之为美，斯恶①已。皆知善之为善，斯不善已。**〇河上公《老子章句》：自扬己美，使彰显也。有危亡也。有功名也。人所争也。〇王弼《道德真经注》：美者，人心之所乐进也；恶者，人心之所恶疾也。〇司马光《道德真经论》：美善有迹，为众所知，非美之至者也。〇王夫之《老子衍》：天下之变万，而要归于两端。两端生于一致，故方有『美』而方有『恶』，方有『善』而方有『不善』。

故有无相生，难易相成，长短相较②，高下相倾，音声相和③，前后相随。〇唐玄宗《御注道德真经》：六者相违，递为名称，亦如美恶，非自性生，是由妄情，有此多故。〇王夫之《老子衍》：天下之所可知。据一以概乎彼之不一，则白黑竞而毁誉杂。**是以圣人处无为之事④；行不言之教⑤；**〇河上公《老子章句》：以道治也。以身师导之也。〇王弼《道德真经注》：自然已足，为则败也。**万物作焉而弗始⑥，生而弗有⑦，为而弗恃，**〇河上公《老子章句》：各自动也。不辞谢而逆止。元气生万物而不有。道所施为，不恃望其报也。〇王弼《道德真经注》：智慧自备，为则伪也。**功成而弗居⑧。夫唯弗居，是以弗去⑨。**〇王弼《道德真经注》：因物而用，功自彼成，故不居也。使功在己，则功不可久也。〇司马光《道德真经论》：不自满假。汝惟不矜，天下莫与汝争能；汝惟不伐，天下莫与汝争功。

司马光

字君实，陕州夏县（今山西夏县）人。宋仁宗时中进士。极力反对王安石变法，为保守派领袖。哲宗时，任尚书左仆射、门下侍郎，主持朝政，把王安石施行的新法一律废除。

蛇

在圣经中蛇似乎是邪恶的化身，它诱惑亚当和夏娃偷吃了禁果，被上帝逐出了伊甸园。

注釋 ①恶：丑。②较：显出异同或高低。③音声相和：乐器的音色和人的歌声相互应和。④圣人：道家最高的理想人物，但与儒家的『圣人』含义不同。处：处世行事。无为：这是老子所使用的特定概念。老子的『无为』，不是什么也不做，而是不做那些违背了人类本性、背离自然意志、束缚心灵、丑化人性的事。老子的『无为』，不是不作为，而是不妄为，是顺应自然而为的意思。『无为』不但是老子和道家所提倡的处世态度，也是老子的一个哲学观，适用于人类生活的一切领域，如政治上他倡导的无为而治等。⑤行不言之教：实行『不言』的教导。即要求统治者不要去发布不符合自然规律的教令（以达到控制民众，实现自己的主观意志的目的）。不言，不发号施令、不滥用政令。⑥始：主宰。⑦生而弗有，为而弗恃：指『圣人』生养万物而不占为己有，培育万物却不自恃其能。有，占有。恃，自恃（有能耐）。⑧居：居功自傲。⑨是以弗去：所以『圣人』的功绩永恒不灭。是以，『以是』的倒装结构，因此之意。是，这；以，因为。

譯文 如果天下人都知道美之所以为美，那么丑的观念就产生了。都知道善之所以为善，那么恶的观念也就产生了。所以说有和无相互依赖而产生，难和易相互对立而促成，长和短相互比较而存在，高和下相互包含而形成，音和声相互协调，前与后相互依伴，这是永恒不变的的客观实际。因此，圣人排除一切人为的努力而从事『无为』的事业；圣人超越一切言语施行『不言』的教化；他任由世间万物振兴却不加以干涉，生养万物而不占为己有，培育万物却不自恃其能，功成名就也不居功自傲。正因为他不居功自傲，所以他的功绩永恒不灭。

讀解心得 叶朗先生在《中国美学史大纲》里评价老子时说：『美』这个概念当然老早就有了，并不是老子第一次使用这个概念，但是老子给予『美』的这两个规定，都使得它第一次成了一个独立的范畴。在第二章中，老子把『美』与『善』区别开来，同时指出了『美』与『丑』是相互对立、相互矛盾的关系，老子并不认为这种区别和对立是永久不变的，在某种情况下，二者可以相互转化。老子在区别『美』与『善』，辨别『美』与『丑』的论述后，又阐述了『有』『无』，『难』『易』，『长』『短』，『高』『下』，『音』『生』，『前』『后』之间的相互关系，进一步提出了事物都是对立统一的辩证法观点。

之后，老子进一步阐释了如何去实践这一观点的方法。在有无相对的关系上，老子始终如一，崇尚的是『无』，倡导『无为而治』，所以在他的人生哲学和处事方法中，处处看见其推崇的『无为』。于是就有了『行不言之教』，身教重于言教。洞悉了事物之间既对立又统一的关系后，以『弗始』、『弗有』、『弗恃』、『弗居』的行动遵循『无』的处事原则。处事柔和达练，一切顺应自然，不强求功名，这样才可谓是圣人的处世哲学。

随着人类社会的快速发展，人类可以按照自己的意志更轻易地改造自然世界后，对自然恣意地、不计后果地改造，已经违背了先贤老子所倡导的『无为』，虽然意愿和出发点是好的，过分地改造自然世界和干涉自然规律往往产生可悲的结局。人类为了保护野生鹿群将狼赶尽杀绝，鹿群没了天敌后大量繁殖，导致植被大量消耗，又使鹿群因缺少食物来源而大面积死亡。这不正是老子所说的『天下皆知美之为美，斯恶已，皆知善之为善，斯不善已』吗？

善与恶一线之间，『美与恶，相去若何』。只看到『美』与『善』的积极作用和效果，忽略了事物之间的相互转化，就很有可能好心办坏事。清楚而认识到事物的两面性和事物之间既对立又统一的关系，大到治理国家，小到完善自身，都是有百益而无一害的。

經典事例

偷食禁果

据《圣经·创世记》载，上帝在东方建造了伊甸园，并把许多种活物放在里面。园中央生长着两棵树：生命树和智慧树。上帝创造了亚当，让他到伊甸园中，并告诉他说，除了生命树和智慧树上的果子以外，其他的果子都可以吃。上帝把所有的动物都派到亚当那里，亚当就给这些动物取名字。然后，上帝就让亚当好好地睡上一觉。就在亚当熟睡的时候，上帝从他身上取下一根肋骨，并用这根肋骨造了夏娃，这样，亚当就有了伴侣而不会孤单了。

亚当和夏娃没有衣服，他们光着身体，自由自在地在伊甸园里生活，与上帝相处得十分和谐。

可是，在伊甸园中的所有动物当中，蛇是最邪恶的。有一次，蛇问夏娃，问她是否可以吃到任何想吃的果子。夏娃回答道：『那当然，除了智慧树上的果子，我们想吃什么就可以吃什么。但唯独智慧树上的果子，我们吃了就会死掉。』

蛇说：『不会的，如果吃了智慧树上结的果子，你们就会发现善恶是有区别的，这样你们就跟上帝是一样的了。上帝就是因为这个原因才不让你们吃那智慧树上的果子的。』

夏娃用充满着渴求的眼神看着智慧树，被树上水灵灵的果实诱惑得控制不了，因为她知道，吃了树上的果子她就会变聪明。最后，她再也忍受不住了，于是摘下树上的一枚果子吃了。然后，她又摘了一枚递给亚当吃了。之后，他们两个彼此对望，意识到了自己是裸体，也明白了男女有别，于是产生了羞耻之意。他们连忙摘下一些无花果的叶子遮住了自己的身体。

天渐渐黑了下来，有了一丝凉意，这时上帝来到了园中。亚当和夏娃听到了上帝的声音，连忙藏了起来。上帝由于看不见他们两个，于是就呼喊亚当，问他在什么地方，为什么藏起身来。亚当回答说，他听到了上帝的声音，感到很害怕。上帝说：『如果你感到害怕，那一定是吃了智慧树上的果子。』

亚当立刻指着夏娃，对上帝说：『是这个女人诱骗我吃那棵树上的果子的。』

夏娃连忙解释说：『是我让他吃的，可是，诱惑我吃那果子的是那条蛇。』

于是，上帝对那条蛇下了诅咒，并且把亚当和夏娃都驱赶出了伊甸园。上帝对他们说：『既然你们现在已经知道了善恶之分，那就必须离开这里了。如果你们还留在伊甸园，那你们还有可能去偷吃生命树上的果子，那样的话你们就会永生不死了。这是我所不能允许的。』

这样，上帝就把亚当和夏娃赶到了尘世，并咒骂他们，说从今以后，亚当必须累得满头大汗才能够活下去，夏娃则必须经受分娩的痛苦。

这就是西方神话中对于人类起源的一种说法。原本无知无欲的亚当和夏娃，是不知道『善』与『恶』的分别的，只有当他们吃了智慧树上的果子之后，才具有了分辨善恶的智慧。这与老子所说的『天下皆知美之为美，斯恶已。皆知善之为善，斯不善已』的说法有着何其惊人的相似！

上行下效

春秋时期，齐国相国晏婴死后，齐景公先是为失去一位善于进谏的重臣而痛心，继而又感到十分轻松，因为再没有人敢像晏婴那样经常规劝他，他就可以率性而为了。

齐景公满耳都是对他顺从、奉承的话，他也感受到了颐使气指的满足。可是，不久之后他又觉得很苦闷，为缺少犯颜直谏的臣下而忧心忡忡。

晏婴沮封

孔子告诉齐景公如何治理国家，齐景公想封赐孔子田地，但遭到晏婴反对，于是孔子离开齐国。

一天，为了调节情绪，景公大宴群臣，散席以后，率领文武百官去校场射箭取乐。

准备就绪，应该由君王先射，臣子依次排列。

齐景公运足力气，拉弓搭箭，然后瞄准远处的箭靶，嗖的一声射去，群臣一片欢呼：『射得太准了！』景公自己也觉得不错。为了验证成绩，他大步走近箭靶，一看，那支箭并没有正中靶心，偏离大约三寸，虽然不太圆满，但还算可以。景公在一片赞赏声中走回来，射出了第二箭。箭出手时，握弓的左手微微抖了一下，他觉得这一箭肯定射偏了，但马上就听到了大臣们的喝彩声。景公心生疑惑，就抽出第三支箭。他再一次弯弓搭箭，可这时力气已经不足，箭未及靶子便掉落在地上，但群臣还是齐声祝贺。景公听了闷闷不乐，没有再玩下去，就起驾回宫了。

景公经过再三考虑，决心要整治一下阿谀奉承的风气，于是找来弦章商议方案。弦章是晏婴的弟子，颇有晏婴遗风。

景公向弦章讲述了在靶场发生的事，问他应该如何整治这些虚意奉迎的大臣。

弦章答道：『这种风气的形成，不能完全怪大臣，国君您有不可推卸的责任。』

景公一愣，反问道：『这怎么能怪寡人呢？』

弦章不慌不忙地解释道：『常言道：「上行而后下效」。国君如果喜欢听忠言直谏，臣下自然会讲真话甚至于逆耳忠言；可国君如果爱听顺从逢迎的话，臣下自然会极尽奉承吹捧之能事。』

景公听了连连点头，认为弦章说的很有道理，就下令赏给弦章许多珍贵之物。弦章摇了摇头，说：『那些奉承国君的人，就是为了多得到一点赏赐。如果我接受了这些赏赐，岂不也成了卑鄙无耻的小人了！』他说什么也不要这些奖赏。于是齐景公心悦诚服。

治理国家应当遵循一定的规律，而形式化的规章制度并不一定奏效。作为君主，只有用自己的言行作为准则来教化臣民，才能让国家得到根本的治理，这正是圣人『行不言之教』的道理所在。

第三章

题解 一般来说，物质利益与精神层面上的权力、地位是人们在整个生命过程中所追求的主要人生目标，欲望为人类的发展提供了最为强大的内在动力，但同时也引发了争名逐利的混乱局面。老子从源头上分析了诱惑的弊端，认为是诱惑之物引起了人们的欲望，这种欲望一旦被挑逗起来，就会一发而不可收拾。因此，他提出了解决方法，即『不尚贤，使民不争』；『虚其心，实其腹，弱其志，强其骨。常使民无知无欲，使夫智者不敢为也。』这在今天被许多人看作是愚民主张，但是，在诸侯争霸、生灵涂炭的春秋时代，这种做法也不失为治国良策。

原文 **不尚贤①，使民不争②；不贵难得之货③，使民不为盗；不见可欲④，使民心不乱。**〇司马光《道德真经论》：贤之不可不尚，人皆知之。至其末流之弊，则争名而长乱，故老子矫之，欲人尚其实，不尚其名也。〇王夫之《老子衍》：『争』未必起于『贤』，『盗』未必因于『难得之货』，『心』未必『乱』于『见可欲』。**是以圣人之治：虚其心⑤，实其腹，弱其志⑥，强其骨。**〇河上公《老子章句》：说圣人治国与治身同也。除嗜欲，去乱烦。怀道抱一守，五神也。和柔谦让，不处权也。爱精重施，髓满骨坚。王夫之《老子衍》：以无用用无，以有用用有，善入万物。『虚』者归『心』，『实』者归『腹』，『弱』者归『志』，『强』者归『骨』，四数各有归而得其乐土，则我不往而治矣。**常使民无知无欲，使夫智者不敢为也。**〇司马光《道德真经论》：甘其食，美其服，不知其外更有何欲。众莫之应。**为无为⑦，则无不治。**〇唐玄宗《御注道德真经》：于为无为，人得其性，则淳化有孚矣。〇王夫之《老子衍》：故圣人内以之沽身，外以之治世。

注釋 ①不尚贤：不标榜奇异的才能。尚，崇尚、看重。贤，有才能的人。②不争：不争名夺利。③不贵难得之货：不把珍稀昂贵之物看重。④不见可欲：不炫耀那些能引起人们贪欲的东西。见，同『现』，显示、显耀。可欲，指能诱发人贪欲的东西。⑤虚其心：净化人民的内心。⑥弱其志：削弱人民的欲求。⑦为无为：遵循『无为』的原则。第一个『为』字，做、实行之意。

譯文 不标榜奇异的才能，就不会使人民为此而争名夺利；不把珍稀昂贵之物看重，就不会使人民去偷盗；不炫耀那些能引起人们贪欲的东西，就不会扰乱人民的内心。因此，对于圣人来说，他治理天下所遵循的的原则就是：净化人民的内心，满足百姓基本的温饱需求，削弱人民的欲求，增强人民的体魄。总要使人民不怀有成见、不心生贪欲，使那些聪明的人不敢任意妄为。遵循『无为』的原则，就可以使天下得到最为全面的治理。

讀解心得 德才兼备方可谓『人才』，有才而无德之人，容易自恃其才祸国殃民，造成不可挽回的损失。历史上的无德者大多追名逐利，易产奸佞妄为的小人，成为社会发展进程中的障碍，有时候甚至会将社会发展进程引向歧途。历史上，每当遇上动

碎七宝器

蜀主孟昶有一溺器，由七种宝物装饰而成，俗称『七宝溺器』。宋太祖赵匡胤后来看到这件『七宝溺器』的时候，命人砸碎它，并说：『你用七件宝物装饰这种东西，又用什么东西来储存食物呢？就这样的东西都如此奢侈，国家怎么可能不灭亡呢？』

箕子

名胥余，商纣王叔父，官太师，封于箕（今山西太谷东）。因谏纣王不听，披发佯狂。

妲己害政

商纣王征服有苏氏，有苏氏献出美女妲己。纣王迷恋妲己的美色，对她言听计从。纣王荒理朝政，日夜宴游，上下离心，终于亡国。

荡年代，维持社会秩序的仁义、道德、伦理规范，必然会受到冲击而惨遭破坏。同时，也使乱世中产生了活跃的学术思想，豪杰纵横四海，人才辈出，而民生却一片凋敝、凄惨景象。作为一个心怀天下、学识渊博的智者，老子看到了太多人民的苦难，感叹世间不必有缺少德行约束的野心家，乱世虽然成就了小部分有才能的人，却使众多的百姓在战乱纷争中遭受苦难。不如大家都安贫乐道，换来一片清明世界。

两千五百多年前老子的这种观点可能已不适用于现代社会，他提出的『不尚贤』、『常使民无知无欲，使夫智者不敢为也。』等主张甚至有宣扬愚民、顺民思想的嫌疑。但在古代，这种思想做法不失为治国良策。

晋朝开国皇帝司马炎深知欲使『国泰』必先『民安』的道理，他登基之初便下诏：『为永葆我大晋的江山，现以无为之法作为统领万国的核心。』他的『无为之法』与老子所倡导的『无为而治』思路相同。同年司马炎又下五条诏书：一曰正身，二曰勤百姓，三曰抚孤寡，四曰敦本息末，五曰去人事。用以安抚百姓，使百姓不执成见、不生贪欲。如此『常使民无知无欲』，那些心怀抱负的『智者』便不敢任意妄为。此『无为』之法，比直接铲除异己造成社会动荡更有效。但是，『无为之治』亦有弊端，人民安于现状，不思进取。社会就会一直处于消极、停滞不前的境地，抑制了工商、科学技术的发展。这也是老子思想在现今注重科学技术发展，崇尚『物竞天择』、『适者生存』的社会所显露出的缺陷和不足之处。

经典事例

纣王象箸

商纣王刚刚继承王位的时候，并没有荒淫之象。他勇武过人，曾亲自率领部队攻伐边疆部族，屡立战功，巩固了商王朝的统治，臣子们都以为他是个明君。

有一天，纣王在朝堂上与朝臣议事之后，拿出了一双象牙筷子，请群臣观看。大臣们看了之后，觉得这双筷子做得精致大方，颇为美观，都赞不绝口。但是，其中有一个人看了这双筷子之后，却吓得目瞪口呆。其他人问他是怎么回事，只见他面部颤抖，就是说不出话来。

这个人，原来就是商王朝的重臣—纣王的叔父箕子。群臣退朝以后，有些与他相交甚好的大臣便去找他询问缘由。这时箕子才对前来求见的大臣们说：『这双象牙筷子做得确实不错，可我却担心纣王会因为它而变坏。』众人十分不解：堂堂一国之君，怎么会因为一双象牙筷子而变坏呢？

箕子这时才向大家说出他自己的看法。箕子说：『请大家想一想，这样精致的一双筷子，纣王肯定不会用土制的碗罐与它相配，因为那样会显得很难看，也太委屈了这双象牙筷子。它应该配上一些用美玉制成的碗碟，那样才得体。有了象牙筷子、玉碗、玉杯，如果用这些精致华丽的器具盛放豆角之类的粗糙食物，恐怕纣王就不会满足了，他必定要在这样的餐具中盛装上大象、旄牛、豹胎这样的珍贵食物，这样吃起来才会感到有味。而拥有了这些以后，他定然不会愿意穿着粗布衣衫，在茅屋草棚下吃这些美味，这时他就会命人织衣、盖房，享用锦衣广厦了。如果这种情况长期发展下去，人们就会对他的行为表示不满并且进行斥骂，他就会对反对者进行镇压，他的性格也会因此变得残暴。到了那个时候，咱们还能站在朝堂之上吗？』可是众臣听了，都不以为然。箕子见别人都不理解，就没再说什么，只是不断地摇头叹息。

事情果然不出箕子所料，没过几年，纣王就建造了『肉林』，肉悬挂其中。旁边还设上炮烙，用以处罚囚徒以供他取乐。他还修了一座很大的池子，里面蓄满了美酒，他就与宠妃妲己在此饮酒作乐。群臣时常进谏，他渐渐感到了厌烦。后来他大加刑戮，杀死了忠臣比干，并使得微子出走，箕子装疯，弄得群臣归周。纣王由于暴虐无道，最终在周武王的讨伐之下丢掉了江山，自己也送了性命。

一双象牙筷子，最后竟然断送了江山，这样的教训沉痛而深刻。老子所说的『不见可欲，使民心不乱』，实际上就是对统治者的一种警诫。

玩物丧志

周武王伐纣灭商，建立了周朝以后，周边的小国都前来朝拜，并且携带许多地方特产和珍稀的礼物。其中，有个西戎国国君，送给武王一条獒犬。这条獒犬身高四尺有余，尾大毛丰，能解人意，体格威猛而善于和人搏斗，与当时中原的犬种大不相同，很是珍奇，周武王于是很高兴地收下了。

武王非常喜爱这条犬，每天都和它形影不离。当时担任太保的召公，恐怕武王玩物丧志，于是就想办法劝谏。

有一天，他面见武王，对他说：『现在，天下都归附于您，别的国家无论远近，都拿自己最好的东西向您进贡，这固然是由于您的圣德。但是，这些玩赏之物是没有贵贱之分的，关键在于人的德行。没有德，物就不值钱；有了德，物才显得珍贵。一个英明贤德的君主，不应该沉湎于声色享乐之中。一个人如果把别人当成玩物加以戏弄，就会失去德行；如果把稀奇之物当成宝贝，每天玩赏，就会丧失原有的志气。犬马这样畜牲并非本地所产，就不应该豢养它；珍禽异兽对于人的衣食住行来说没什么用途，也不必饲养；别国送来的珍宝没有什么实用价值，也不要过于稀罕它。对于四方进贡的东西，最好是分封赏赐给同姓的诸侯，以表示公平信诚之意。』

武王听了以后，很赞同召公的观点，同时也意识到自己的错误，于是下令将所有进贡之物都分给诸侯和百官，其中就包括那条獒犬。后来，武王励精图治，与文武百官同心协力，打下了周朝八百年的基业。

召公所言，正可以说明『虚其心，实其腹』的道理。珍奇之物，只能使人获得感官上的享受，人们会因为对它的强烈追求而迷失方向。只有抛弃浮华，减少欲念，以维持生存的基本需要为目标，才能从实质上实现天下大治。

第四章

题解 在这一章中，老子再次为我们阐述了『道』，但由于『道』是难以用语言来描述的，因此他列举了『道』的一些表象上的作用，即『挫其锐，解其纷，和其光，同其尘』，并以此作为突破口，来讲解『道』中玄妙的道理。『道』是虚空无形的，但它却无处不在，『道』是一个永恒而又无限的绝对体，是万物产生的本源，即使真的有天帝存在，那也不过是『道』的产物。

原文 **道冲①而用之或不盈②，渊兮似万物之宗；**○司马光《道德真经论》：深不可测，常为物主。○王夫之《老子衍》：『冲』，古本作『盅』，器中虚处。不期不盈，故或之。用者无不盈也，其惟『冲而用之或不盈』乎！**挫其锐，解其纷，和其光，同其尘。湛兮③似或存。**○王夫之《老子衍》：阳用锐而体光，阴用纷而体尘。用之为数，出乎『纷』、『尘』，入乎『锐』、『光』；出乎『锐』、『光』，入乎『纷』、『尘』。唯冲也，可锐，可光，可纷，可尘，受四数之归，而四数不留。**吾不知谁之子，象帝之先④。**○唐玄宗《御注道德真经》：吾不知道所从生，明道非生法，故无父道者，似在乎帝先尔。帝者，生物之主。象，似也。○司马光《道德真经论》：言其先天地生，物莫能踰。

注释 ①道冲：『道』是虚空没有实在形体的。冲，古字为『盅』，引申为虚。②用之或不盈：『道』的作用却是永远不会竭尽的。用之，宇宙万物都在使用『道』。或，语气词，用于否定句中加否定。盈，读为『逞』，穷尽。③湛兮：形容『道』无形无象、幽隐深邃的状态。湛，深、沉。④象帝之先：似乎在天帝出现之前它就存在了。象，好像。帝，天帝。

譯文

『道』是虚幻并且无形的，但它的作用却是永远不会竭尽的。它那样渊深，就好像是世间万物的宗主；它能不露锋芒，化解纷争，调和光芒，接纳尘埃。它又是那么幽隐，好像没有却又仿佛存在。我不知道它产生于何处，似乎在天帝出现之前它就存在了。

讀解心得

老子说『道』就像是深不见底的深渊，永远注不满却也永远不会空，庄子也说过『道』是广阔深远、用之不竭的，就像可纳百川的大海，又像无穷无尽的神秘难测的虚空。因为大海永不满溢，所以才有千万条河流汇聚于此。而『道』的虚幻也正是他的源泉所在，正是因为他的虚无才使得他的作用无穷无尽，深邃可包容世间万物，乃万事万物的根本。

既然『道』是如此深不可测的，那么如何理解『道』，如何传『道』呢？老子便从『道』的作用谈起，让人能更好地理解何谓『道』。

要理解体会老子的『道』，文中『冲』字如何理解是关键，『冲』是虚无而没形状的状态，冲字是『水』加『中』字，所以冲是要居中守中，在万事万物中取平衡之法。『冲』的象形有在水中间之意。万股水流入海，又从海中蒸发变为雨落入万千河流，如此不断循环着，保持着一个平衡状态，这是『冲』的『中和』之理。『道』

庄子

庄子，名周，字子休，战国时期著名的思想家、哲学家、文学家，道家学派的代表人物，老子哲学思想的继承者和发展者。

止辇受言

文帝每朝，郎从官上书疏，未尝不止辇受言。言不可用者，置之；可用，采之；未尝不称善。

的本体是虚空，『道』的功用是中和。『道』的冲和，在于避免过和不及，因为物极必反。老子的『道』是维持平衡状态，调和万物的阴阳。揭示了『道』是虚无，是『中和』后，他又以『挫其锐，解其纷，和其光，同其尘。』说出了『道』的作用。体现了东方世界的圆滑、宠辱不惊、去留无意的处事方法。做到不锋芒毕露，不怨天尤人，心胸宽广，做事做人留有余地，不可执著求全，便是所谓有容乃大。

从老子对『道』的作用的阐述，可以体会到『道』是可意会而不可言传的，他玄而又玄，神秘难测，但又确实左右着世间万物的发展变化。虽然老子也没有确实地告诉我们什么是『道』，『道』又从何处而来，但通过他的论述，可以体会到『道』无处不在，永远保持在一个不溢不满的平衡状态，它的空虚是相对于有形世界而言，但它虚而有物，它的奥妙之处只能由人的心灵世界去感悟、去体会。

經典事例

汉文帝求道

汉文帝对于老子的《道德经》倍加推崇，不仅自己熟读，还让王公大臣都来诵读。尽管他在《道德经》上面下了不少苦功，有些地方还是弄不明白，找人求教，也没有高人能够给予指点。于是他经常到四处寻访，希望找到能为他指点迷津的人。

后来，汉文帝听别人说有个叫河上公的人懂得《道德经》的精髓，于是派人前去拜访河上公，请教自己不懂的地方。

河上公对汉文帝派来的使者说：『道尊德贵，请教这样严肃的问题怎么能让别人来代问呢？』汉文帝得到使者的报告之后，亲自来到河上公居住的河边小茅屋请教。尽管如此，河上公仍然没有对文帝表示谦恭卑下。文帝心有不甘，于是对河上公说：『《诗经》中说过，普天之下哪一块土地不是君王的，四海之内有谁不是我的臣民？老子也说过：「道大、天大、地大，王亦大。」君王就属于这「四大」之一。你虽然道行很深，可不还是我的子民吗？你为什么如此自高自大，不把君王放在眼里呢？』河上公听完他的质问，突然间腾空而起，稳稳当当地悬在半空中，离地数丈之高。河上公这时俯身向仰视着他的文帝说：『我上不着天，下不着地，中间又不为人所累，又怎么算是你的臣民呢？』文帝听罢河上公的话，心中明白自己遇到了高人，于是马上向河上公跪拜说：『我实在是个无德无才之人，承蒙祖上的福荫，才继承了帝业，成为了君王。我才疏学浅，怕自己难当重任。虽然我忙于国事，可我一心求道。但是我愚昧无知，难以明白经书中的真义，希望您能给予指教。』

河上公见文帝确有一片诚心，于是就将两卷经书传授给他，并对他说：『你回去以后，仔细研读这两卷经书，你所有的疑问就都会得到解答。这两卷注解《道德经》的著作，只传给了三个人，现在你是第四个，千万要记住，绝不可向他人显示。』说完，河上公就消失得无影无踪。

汉文帝知道自己遇见了神人，所以对这两卷经书异常珍惜，从此以后手不释卷，加倍努力地精心钻研《道德经》。

从此可以看出，所谓的『道』是纯自然的，它不屈服于任何统治者，是天地万物发展的唯一规律。这说明『道』是世界的本源，世间的君主要想巩固自己的统治，就必须遵从『道』的原则行事。

第五章

题解 在本章的开篇老子就写道：『天地不仁，以万物为刍狗；圣人不仁，以百姓为刍狗。』对于这句话，历来争议颇多，但联系其它章的内容，我们不难看到，『天地不仁』包含了自然界当中万物平等的思想，而『圣人不仁』则反映了人类社会中人人平等的思想。老子认为，在大『道』的眼中，人的生死荣辱，不过和刍狗一样，没有什么特别之处。同理，在人类社会当中，王侯将相与市井百姓也没什么两样。老子把世间万物都看成是合理的存在，没有等级上的差别，因为万物都是由『道』所创造出来的，『道』本身就代表了一种公平。这其中就包含了老子的平等思想，『天地不仁』可视为老子的世界观，而『圣人不仁』则包含了老子人人平等的法治思想。在此基础上，老子提出了统治者所应该秉承的治世之道，『多言数穷，不如守中』，这也进一步说明了『无为』之道。

原文 **天地不仁①，以万物为刍狗②；圣人不仁，以百姓为刍狗。** 〇王弼《道德真经注》：天地任自然，无为无造，万物自相治理，故不仁也。仁者必造立施化，有恩有为，造立施化则物失其真，有恩有为，列物不具存，物不具存，则不足以备载矣。地不为兽生刍，而兽食刍；不为人生狗，而人食狗。无为于万物而万物各适其所用，则莫不赡矣。若慧由己树，未足任也。圣人与天地合其德，以百姓比刍狗也。

天地之间，其犹橐钥③乎？虚而不屈④，动而愈出。 〇王弼《道德真经注》：

橐，排橐也。钥，乐钥也。橐钥之中，空洞无情，无为故虚，而不得穷，屈动而不可竭尽也。天地之中，荡然任自然，故不可得而穷，犹若橐钥也。〇王夫之《老子衍》：屈然后仁。天地无以自擅，而况于万物乎？况于圣人乎，设之于彼者，『虚而不屈』而已矣。**多言数穷⑤，不如守中⑥。**〇河上公《老子章句》：多事害神，多言害身，口开舌举，必有祸患。不如守德于中，育养精神，爱气希言。〇王夫之《老子衍》：出已必穷。仁则必言。道缝其中，则鱼可使鸟，而鸟可使鱼，仁者不足以似之也。仁者，天之气，地之滋，有穷之业也。

注释

①天地不仁：天地是无所谓仁慈偏爱的。仁，并非儒家所说的仁义，这里指私

风箱

图中为一人正拉动风箱，鼓风以使得火燃烧不灭。

刘秀

刘秀，字文叔，提倡儒术，尊崇节义，政治措施皆以清静俭约为原则，是贤明的君王。在位三十三年，谥号光武。

爱、偏爱。②刍狗：用草扎成狗的形状，供祭祀天地时使用。③橐钥：风箱。④屈：竭、尽。⑤多言数穷：政令过多反而会行不通。多言，意指政令繁多。穷，碰壁，行不通。⑥守中：持守虚静。

譯文 天地是无所谓仁慈偏爱的，它对待万物就像对待刍狗一样平等；圣人也是无所谓仁慈偏爱的，他对待百姓也像对待刍狗一样，任凭百姓自作自息。天地之间，不正像一个大风箱吗？静止的时候，它只是一个空虚的世界，一旦运动起来，就会运转不息，永远不会枯竭。政令过多反而会行不通，不如保持内心的虚静。

讀解心得 『天地不仁，以万物为刍狗；圣人不仁，以百姓为刍狗』老子这位圣者为何突然有此惊世骇俗的言论，世人众说纷坛。有人甚至直言怒斥老子将礼义廉耻视为无物。其实老子的著述最大的特点就在于『仁者见仁，智者见智』，莫衷一是。此章节激怒众人的焦点在于对『不仁』、『刍狗』的理解和解释。正确理解了这两个词语的涵义，方可了解老子此章所要表达的本意。

老子为道家，孔子为儒家，现世我们受儒家思想影响极深，『仁』作为中国儒家学派道德规范的最高原则，孔子思想体系的理论核心而存在。儒家认为，能行恭、宽、信、敏、惠五者为仁。然而老子讲『道』时所说的『仁』并非是儒家所推崇的仁爱。老子所言『天地不仁』、『圣人不仁』中的『仁』是偏爱的意思。即是说天地对于世间万物，是无所谓仁慈，对于一切都一视同仁无所谓偏爱。天地无所谓好恶，圣人也是如此，无论贫富贵贱，在天地和圣人眼中都是一样，要平等对待。

『刍狗』在《庄子·天运》中就有解释：『夫刍狗之未陈也，盛以箧衍，巾以文绣，尸祝齐戒以将之；及其已陈也，行者践其首脊，苏者取而爨之。』『刍狗』即是用稻草扎成狗的形状，用来在祭祀活动中祭祀天地神灵。在祭祀活动中『刍狗』被认为是有灵魂的，人们在祭祀活动之前还要对『刍狗』进行精心的装扮并且侍奉着它们。由此可见老子口中将万物和百姓比作『刍狗』并无侮辱之意，而是表达一种对待事物平和、平等的心态，不因事物的外形而有偏见，一切都要顺其自然。

随后，老子又别出心裁地将天地之间作为一个空间概念，比作了一个处在静止状态的『橐钥』。『橐钥』即是平时说的手拉风箱。风箱不动时，不会产生风的鼓动，也就不会有风吹出来，但是只要对他施加一个力，就会有风源源不断地吹出来。天地之间也像一个大的风箱，推拉间，自然而然产生万物的运动生息，如此循环往复永无止境。

老子在此章末尾将重点重新拉回到了治国之法。他认为『多言数穷，不如守中』。在治理国家的时候，频繁发布政令，朝令夕改，不但无法更好地治理国家，反而让人困惑不解，使政令无法有效地施行，长此以往，百姓对统治者愈加不信任，反而会加速一个国家的灭亡。不如『守中』，保持虚静。但又不是教导人不开口说话，而是应该开口的时候，方才开口，口中所言句句皆为精华真理，不可不说，亦不可多说，更

赏强项令

不要满口胡言乱语。这才是一个人行为做事，乃至治理国家应该奉行的道理。

經典事例

强项令

东汉光武帝在位时期，京城洛阳是最难治理的地方。皇亲国戚、权臣显贵都聚居在城内，他们常常纵容自己手下的奴仆横行街市，为非作歹。朝廷为此连换了几任洛阳令，可还是控制不了这个局面。后来，汉光武帝刘秀百般无奈之中，决定任用六十九岁高龄的董宣做洛阳令。董宣上任后，遇到的第一个棘手的问题，就是湖阳公主府上的家奴行凶杀人的案件。

原来，湖阳公主是光武帝的姐姐。她仰仗着自己和光武帝的姐弟关系，豢养着一帮凶狠残暴的家奴，他们在京城里作威作福，横行无忌，但却没人敢管。

一天，公主手下的一个家奴在街市上杀了人，身为洛阳令的董宣立刻下令逮捕他。可是，这个恶奴躲到湖阳公主的府中不出来，而按照当时的法律，地方官不能进入这个禁地去搜捕犯人。董宣因此急得寝食不安。没办法，董宣就派手下人不间断地监视湖阳公主的府第，并且下了命令：只要那个杀人犯一出来，就立即设法将其擒获。

过了一段时间，湖阳公主以为新上任的洛阳令只不过是虚张声势而已，于是就放松了警惕。有一天，湖阳公主带着那个杀人的恶奴外出，在大街上被董宣的手下人发现。于是这个人立即回来报告董宣说，那个杀人犯正陪同公主的车马队伍出行，难以下手。

董宣听到报告，马上带人赶过去，拦住了湖阳公主的队伍。

湖阳公主坐在马车上，看到这个拦路的老头儿如此无礼，就傲慢地问道：『你究竟是什么人？竟敢拦挡我的车驾？』

董宣走上前去施了一礼，回答道：『在下是洛阳令董宣。恳请公主交出杀人罪犯！』

那个杀人的恶奴在队伍里见形势不妙，就连忙钻进公主的车子里，躲在公主身后。

湖阳公主一听董宣要他交人，就满不在乎地说：『你长了几个脑袋，竟敢拦住我的车驾抓人？你胆子也太大了吧！』

可是，湖阳公主万万没有料到，站在她面前的这位小小的洛阳令竟然怒气冲天，只见他圆睁二目，猛然从腰间拔出宝剑向地下一划，厉声责问湖阳公主：『你身为皇亲，为什么不守国法？』湖阳公主顿时被这股凛然的气势镇住了，一下子目瞪口呆，不知所措。

这时，董宣义正词严地说道：『王子犯法尚且与庶民同罪，更何况是你手下的一个家奴呢？我既然身为洛阳令，就要为洛阳城里的黎民百姓作主，决不让任何罪犯逍遥法外！』董宣一声令下，他手下的吏卒一拥而上，把那个杀人凶犯从公主的车上拖了下来，就地斩首。

湖阳公主见此情景，气得面色发紫，浑身打颤。她觉得，一个小小的洛阳令胆敢在大街上当众处死她的家奴，这对于堂堂一国的公主来说，简直是奇耻大辱。于是她顾不得跟董宣争执，掉转车头，直奔皇宫，要找皇帝论理。

湖阳公主进了皇宫，一见到刘秀，就又哭又闹，非要刘秀杀死董宣替她出气不可。光武帝听了她的这番哭诉，不由得怒形于色。他觉得董宣竟敢如此蔑视公主，这就等于没把他这个皇帝放在眼里。想到此处，他下令道：『快把董宣抓来，我要当着湖阳公主的面将他乱棍打死！』

董宣被抓上殿以后，他向光武帝叩着头说：『请让我先说一句话，然后再处决我吧！』光武帝怒气未消，问道：『你死到临头，还有何话说？』

董宣流着热泪说道：『正因为有了陛下的英明决断，才有了今天汉室中兴的大好局面。没想到，陛下今天却任凭皇亲的家奴滥杀无辜，随意残害百姓！有人想为了汉室江山的长治久安而严肃法纪，惩戒豪强，却要落得个被乱棍打死的下场。我真想不明白，陛下口口声声说要以文教和法律来治理天下，现在有皇亲在天子脚下纵奴杀人，陛下不但不加以管教，反而要将按律执法的臣下处死。这样来看，国家的法律还有什么用？陛下的江山还有什么办法来治理？想让我死很容易，用不着棍棒，我自己寻死就是了。』说罢，他一头撞向旁边的殿柱，撞得满头都是血。

光武帝毕竟不是个糊涂的君主。刚才董宣那一番理直气壮的言辞，以及他刚直不阿、严格执法的行为，深深地打动了光武帝的心。他看到董宣欲碰柱自尽，又惊又悔，连忙命令卫士把他扶住，为他包扎伤口，然后说：『朕念你为国家大业着想，就不治你的罪了。不过，你总得给公主磕个头，赔礼道歉呀！』董宣理直气壮地说道：『我没有做错，也无礼可赔！这个头我绝不能磕！』

光武帝向旁边的两个小太监使了个眼色，示意他们搀扶董宣到公主的面前磕头赔罪。

两个小太监马上照办。可是，年近七旬的董宣双手撑着地，挺着脖子，无论如何也不肯磕头认罪。两个小太监使劲按他的脖子，却怎么也按不动。

湖阳公主虽然自知理亏，但却仍然耿耿于怀，于是冷笑着对光武帝说：『文叔（光武帝的字）当初做老百姓的时候，常常把逃亡的罪犯窝藏在家里，从来不把官府放在眼里。现在做了皇帝，怎么反而连一个小小的洛阳令也驾驭不了了呢？我真替你脸红！」

光武帝的回答也很巧妙。他笑着对公主说：『正因为我成为了一国之君，才更应该严格执法，不能像过去做普通百姓时那样办事了。你说是不是呀！』

湖阳公主听了，理屈辞穷，一时说不出话来。

光武帝又转过身对董宣说：『你这个强项令，脖子可真硬，还不快退下去！』

光武帝发自内心地喜欢董宣那种执法如山、宁折不弯的品格。为了表示对他的嘉奖和鼓励，光武帝专门派人给董宣送去了三十万赏钱。董宣把这些钱全部分给了他手下的那些官吏和衙役。从此以后，『强项令』的威名传遍了全国，洛阳城中的豪强、皇亲，没有一个不畏惧他的。

经过董宣的治理，洛阳的社会秩序逐渐好转。当时洛阳流传着一句民谣：『枹鼓不鸣董少平』。『枹鼓』就是官衙前的警鼓，『少平』是董宣的字。意思是说，董宣做了洛阳令，就没有人敢违法乱纪，也就再没有人到官府门前击鼓鸣冤了。

从董宣的故事中我们可以看到，在『大道』之下，任何人都是平等的，统治阶级只有放弃特权，与民众保持平等，才能使天下安定，否则，其统治地位必将发生动摇。

第六章

题解 在这一章中，老子用极为简洁的语言描述了『道』的特征。他用『谷』来象征『道』的那种看似虚空的状态，又用『神』来比喻『道』生万物、绵延不绝之貌。老子再次说明了『道』作为万物始源的地位，『玄牝之门，是谓天地根』，无论从时间上还是从空间上看，『道』都是永恒的。『玄』是老子对于『道』的这种状态的描述，这既说明了语言在解释真理方面的局限性，同时也表明了老子自己对于『道』的认识已经点到为止。他没有因为这种无尽的奥秘而感到迷茫，因为这个奥秘本身就是天地万物的根源。

原文 **谷神不死**①，〇王弼《道德真经注》：谷神，谷中央无。谷也，无形无影，无逆无违，处卑不动，守静不衰，谷以之成而不见其形，此至物也。〇司马光《道德真经论》：中虚故曰谷，不测故曰神。天地有穷而道无穷，故曰不死。**是谓玄牝**②。〇明太祖《御注道德真经》：此以君之身为天下国家万姓，以君之神气为国王，王有道不死，万姓咸安。〇王夫之《老子衍》：吕吉甫曰：体合于心，心合于气，气合于神，神合于无，合则不死，不死则不生，不生者能生生，是之谓玄牝。**玄牝之门**③，**是谓天地根**。〇河上公《老子章句》：根，元也。言鼻口之门，是乃通天地之元气所从往来也。〇王夫之《老子衍》：畴昔之天地，死于今日；今日之天地，生于畴昔；源源而授之，生故无已，而谓之根。执根而根死，因根而根存。**绵绵若存**④，**用之**

不勤⑤。〇河上公《老子章句》：鼻口呼噏喘息，当绵绵微妙，若可存，复若无有。用气当宽舒，不当急疾懃劳也。〇司马光《道德真经论》：微而不绝，若亡若存，无物不用，而未尝勤劳。

注释 ①谷神：谷，溪谷，古代亦代指女性生殖器。神，此处并非指有人格的天神，而指『道』。不死，永恒存在而不会灭亡。②是：指示代词，这。玄牝：形容『道』就像牝一样具有不可思议的生殖力，它创造了世间的万物，但它繁衍万物的过程却无声无息，令人难寻头绪。玄，此处又用来形容事物微妙难知、幽深不可测的状态；牝，雌性动物的生殖器官。③玄牝之门：微妙深邃的母性之门，这里代指生育万物的『道』。④绵绵若存：若隐若现地存在于天地间，好像可见，仔细寻找又难觅其踪影。绵绵，即冥冥，形容无形、不可见的样子。⑤勤：尽、穷竭。

譯文 变幻莫测的大『道』是博大无边、无所不能、永恒不灭的，这就是微妙的母性。宇宙万物以它为母体而诞生，因此称它为天地万物产生的根源。它若隐若现地存在于天地间，具有繁衍生命的无尽作用。

讀解心得 老子说『谷神不死』，有人一见『神』字就想当然地将其认定为被人格化的神仙，这是我们的固定思维模式在起作用。我们通常认为『神』是有自己的思想，并按照这种思想统治世界，简单来说就是我们将人的形象神化后所创造出来的天神形象。而这章的『谷神』中的『神』则指老子所推崇的『道』。『谷』是山谷之意，此处指虚空，也可谓自然之道。同时『谷』也是一种古代母系氏族中对女性生殖崇拜的象征。因为在古代，『溪谷』常用来代指女性或者女性生殖器官，这对于有生殖崇拜的古人来说是十分重要且神圣的。后文的『牝』亦指雌性生殖器官，如儒家经典中有『丘陵为牡，奚谷为牝』的说法。冯友兰先生也说：『《老子》在这里所说的「牝」，就是女性的生殖器。它所根据的原始宗教，大概以女性生殖器为崇拜的对象。因为它不是一般的女性生殖器，所以称为「玄牝」』。

由此看来『谷』和『牝』都留有母系氏族对生殖崇拜的影子。但是在老子看来，二者不单单是可以繁衍万物的母体，又将『道』中『无』、『虚』的含义融合其中。所以

女娲

女娲是中国历史神话传说中的创世神和始祖神，被民间广泛地崇拜。

以『谷神』、『玄牝』为名，来解释『道』如繁衍、脱化众生，却又不见其实体的牝，虽然产生万物，万物却难觅其踪影。同时也指『道』如『玄牝之门』，是具有神密且巨大的繁衍能力和母性的包容力的。

母性的力量是伟大而无穷的，老子看到了这一点并以此来比喻宇宙间生生不息的万物。在国外也有对人类依赖母体的研究。上世纪初的心理学家弗洛伊德说：『子宫是人类第一个住房，人类十有八九还留恋它，因为那里安全舒畅。』不难看出人类本性是对母体的依恋和崇拜，因此才会歌颂、赞扬母性，将其推崇到一个高峰。这种对母性的依赖和渴望是人与生俱来的精神需求，潜藏着人类依赖自然之力，向往与自然合二为一的美好愿望。这与老子对『牝』的认识有微妙地联系。

老子将『道』比作万物之母源，让人能切身体会到『道』的源源无穷、绵绵不断，他产生了万物又推动万物运行，形象地说明『道』的作用是无穷无尽的。从时间而言，它历久不衰，天长地久；从空间而言，它无处不在，无穷无尽。它孕育着宇宙万物而生生不息。

經典事例

女娲造人

盘古开天辟地以后，用自己的身躯创造出了日月星辰、山川草木。那些残留在天地之间的浊气慢慢地变成鸟兽虫鱼，为这原本没有生命的世界增添了很多生机。

这时，有一位叫做女娲的女神，来到了这片莽莽的原野。她举目四望，只见山岭起伏，江河奔涌，森林茂密，草木争辉。天上百鸟高飞，地上群兽奔走，水中鱼儿嬉戏，草中昆虫跳跃。这样的世界可以说相当美丽了。但是女娲还是觉得很寂寞。她越看越烦，也就越来越感觉到孤独，可她自己也不知道这是为什么。

她跟山川草木、鸟兽虫鱼诉说自己的心事，可它们根本听不懂她的话。女娲茫然地坐在池塘旁边，她在池塘中看到了自己的影子。这时，她突然想到：她之所以感到孤独，就是因为这个世界缺少像她一样的生物。

想到此处，她马上在池塘边抓了些泥土，和上水，对照着自己在池水中的影子捏了起来。捏着捏着，她捏成了一个模样与自己差不多的小『东西』。捏好后，她把这个小『东西』往地上一放，居然活动了起来。女娲见此情景，满心欢喜，于是又捏了很多。她就给这些小『东西』取名叫做『人』。

由于『人』是模仿女娲的形象造出来的，因此气质举动当然与别的生物不同，他们居然会讲起和女娲一样的话来。

女娲顿时有了兴致，她想让这个世界变得热闹非凡，让世界到处都有她所创造的人，于是她不停地工作，捏了一个又一个。可是，这个世界毕竟太大了，她干了很久，可是捏出的小人分布在大地上仍然显得太稀少。她想这样下去不是办法，就顺手从旁边折下一条藤蔓，一头系在树上，一头握在手中，中间堆满了和好的泥。女娲摇起藤蔓，藤蔓打起泥浆，变成泥点落在地上，结果这些泥点也变成了一个个小人，这样一来速度就快多了。女娲见状，越摇越起劲，大地上就到处都有了人。

女娲造出了许多人，心中非常高兴，寂寞感一扫而光。她到处走走，看看自己造出的那些人生活得怎么样。她来到一个地方，见人烟稀少，觉得十分奇怪，俯身仔细察看，只见地上横七竖八地躺着不少小人，一动不动。原来这是她最早造出来的小人，如今已经头发雪白，寿终正寝了。

女娲心中很是着急，她想到自己辛辛苦苦地造人，人却不可避免的会衰老死亡。如此下去，人不是越来越少？于是女娲参照世上生物传宗接代的方法，让人类也男女交配，繁衍后代。由于人是仿照神的模样创造的生物，不能与禽兽等同，所以女娲又为人建立了婚姻制度，后世因此就把女娲奉为『神媒』。

可见，人类自产生之际就开始了对于自身根源的探索，人们普遍认为世界产生于一个母体之中，是这一母体为世间万物及人类社会的产生和发展提供着无穷无尽的动力。盘古开天辟地、女娲抟土造人的神话，就印证了老子对于『绵绵若存，用之不勤』的宇宙之源的认识。

第七章

【题解】老子在这一章中，主要阐述了圣人的处世哲学。人本来都是以自我为中心来对待事物的，每个人都把自己的一切存在看作是合理的，但也正是因为自我的狭隘而束缚了身心的自由。老子超越常规，极具创造性地提出了『利他』的观点。他看到了人自身之外世界的广阔，认识到一个人作为群体的领袖，他的统治得以长久维持下去的法宝就在于谦退。老子用朴素辩证法的观点，说明了『利他』往往能转化为『利己』，即『是以圣人后其身而身先；外其身而身存。』老子意在说明：只有将天下的利益置于自身利益之上，才会更有助于实现自身利益。老子在春秋时代提出这种观点，无疑是非常进步的。

【原文】**天长地久。天地所以能长且久者，以其不自生①，故能长生②。**〇王夫之《老子衍》：不自生物。物与俱长。夫胎壮则母羸，实登则茎获，其不疑天地之羸且获者鲜也。乃天地不得不食万物矣，而未尝为之食。胎各有元，荄各有蓄，游其虚中，而究取资于自有。**是以圣人后其身而身先；外其身而身存。**〇河上公《老子章句》：先人而后己也。天下敬之，先以为长。薄己而厚人也。百姓爱之如父母，神明佑之若赤子，故身常存。〇唐玄宗《御注道德真经》：后身则人乐推，故身先。外身则心忘淡泊，故身存。〇司马光《道德真经论》：亦不一用力。**非以其无私邪，故能成其私③。**〇陈致虚《道德经转语偈》：圣人妙处岂无私，能外其身谁得知。

下车泣罪

一次禹乘车外出，遇见一个犯人，禹一面对他进行规劝，一面流下眼泪，自责自己做了领袖，老百姓却不同心同德，为君者一切应以百姓为先。

顺则凡兮逆则圣，由来于此定根基。〇明太祖《御注道德真经》：非以其无私，所以为此而成其己道也，非私者何？

注释 ①以其不自生：因为天和地在运行中不去强求自己的生存。以，因为。其，代词，它的、它们的，指天空和大地。自生，自己的生存状态。②长生：长久存在。③成其私：有助于实现自己的目标。私，指个人的目的、理想。

译文 天长地久。天地能够长久存在的原因是它们在运行中不去强求自己的生存，才能够长久存在。因此，圣人总是把自己的利益放在后面，结果成了首领；把自己的身体、生死置之度外，反而能够使自己的性命得到保护。这不正是由于他不自私吗？所以这样有助于实现他自己的目标。

讀解心得 如今，我们经常用『天长地久』来祝赞爱情，希望两人的爱情就像永远存在、不会灭亡的天与地一样长久不变。其实『天长地久』四个字原出于本章，老子认为，天与地能够如此长久地存在于世间，不曾改变，也不会消亡，这样的结果大概连天和地自己也不曾料到。那么又是什么使得天可长，地可久呢？

『天地所以能长且久者，以其不自生，故能长生。』这是老子给出的答案。他认为天与地之所以能长久地存在于世，恰好是因为它们从不强求让自己永久地存在。天空降雨滋润了万物生长，大地承载、供养着万物，天与地对万物的繁衍生息如此的重要，却从未要求世间万物给予回报。它们无私、博大，甚至是无欲无求，这就是它们能够长久地存在的原因。而一些人为了追求利益，不断地索取，甚至不惜去伤害他人，这种刻意而为最终会使报应降临在自己身上。柳宗元在《蝜蝂传》中提到一种善负小虫，它爬行的时候总要将路上遇见的东西背负到身上，行得越远，背负的东西也就越重，直到走不动为止。有人帮他去掉重负，小虫上路后又开始不断地往身上背负东西。又因为它喜爱攀高，最终坠地而死。这小虫就好像贪得无厌之人，只顾贪图一时利益，最终导致了灭亡。这和天地的无欲无求形成了鲜明的对比。

苛求，不强求，以身作则，是老子在此章要告诉我们的一种处世哲学。就像圣人将自己的利益放在一边，就有无数人称颂他的美德，以他为榜样而跟随他。将自己的安危置之度外，反而会因此保全了性命。有人认为这是一种投机取巧先利他尔后利己的表现，最终的目的还是利己。老子固然以『圣人后其身而身先，外其身而身存』来鼓励、说服众人『利他』，但是老子认识到更加广阔的世界，而不仅仅局限于个人的得与失。作为一个统治者或是一个领袖，要想让统治长久下去，一定要有谦逊的态度。所以老子的『后其身而身先，外其身而身存』并不是以先『利他』达到后『利己』的目的。而是在面对利益和抉择的时候，以群体的利益为考量，不可因蝇头小利而失去了群体的信任。这是作为首领可如天地般长久的不二法门。

經典事例

同归于尽

桀是夏朝第十六代国君发之子，他年轻时文武双全，双手可以把铁钩拉直。但他生活荒淫无度，为政暴虐无道，成为历史上有名的暴君。

夏朝到了发在位时，各方的诸侯早已经不来朝贺了，夏朝王室内政混乱，外患不断，阶级矛盾也越发尖锐。到了桀即位时，延续了四百多年的夏王朝，更是政治腐败，民不聊生。但是，夏桀不但不思进取，反而更加骄奢自恣。

他继承王位后的第三十三年，有一次发兵征伐有施氏部族。有施氏实力很弱，抵挡不住夏朝军队的进攻，于是向夏桀进贡一个名叫妺喜的美女。桀非常宠爱妺喜，特地为她修建了富丽堂皇的琼室、瑶台和玉床，而这一切的负担最终都落在黎民百姓的身上，使得百姓痛苦异常，但是都敢怒而不敢言。桀还重用奸臣，排斥忠良，有一个名叫赵梁的卑鄙小人，专门投桀所好。他教桀如何来享乐，如何残害百姓，因而得到了桀的宠信。桀日夜与妺喜及众宫女饮酒作乐。据说他的酒池修造得非常大，可以行船，在池中酒醉而溺死的事情时有发生。而这些荒唐无稽之事，常常使得妺喜欢笑不已，桀因此更加荒淫了。可是，下层民众的生活却十分困苦，他们每年的收成很难维持温饱，遇到天灾更是妻离子散。夏朝臣民时常指着太阳咒骂夏桀说：『时日曷丧，予及汝偕亡。』意思就是：你什么时候灭亡，我情愿和你同归于尽。与此同时，四方的诸侯也纷纷背叛，一时间，夏王朝面临内外交困的紧张局面。

在桀即位后的第三十七年，东方商部落的首领商汤将一个才智过人的贤士伊尹引见给桀。伊尹用尧、舜施行仁政的故事来劝说桀，希望桀能够体谅天下百姓的疾苦，好好治理天下。桀却一点也听不进去，伊尹只好离去。

到了晚年，桀变得更加荒淫无道，他命人造了一个大池，称作『夜宫』。他带着一大群赤身裸体的男女杂处在池内，竟然连续一个月不上朝。太史令终古前来进谏，桀却感到很不耐烦，他斥责终古多管闲事，对他的话毫不理会。终古知桀已无可救药，于是就投奔了明主商汤。当时桀的手下有个臣子叫关龙逄，他听到天下百姓愤怒的声

柳宗元

柳宗元，字子厚，唐代文学家，与韩愈共同倡导古文运动。

汤

汤，商朝的建立者，又称武汤、武王、成汤。儒家理想中的古代圣贤形象。他知人善任，起用奴隶出身的伊尹，辅佐自己治国。最后灭夏，流放了夏桀，建立了中国历史上第二个王朝。

音，便向桀进谏说：『作为天子，只有谦恭并且讲究信义，节俭又能够爱护贤才，天下才能太平安定，国家才能稳固。如今陛下荒淫无度，嗜杀成性，天下百姓都盼着你早些灭亡。您现在已经失去了民心，只有马上改过，才有可能挽回人心。』桀听了又痛骂关龙逢，最后甚至下令将他杀死。

桀自认为他的统治永远不会动摇。他说过：『天上有太阳，就像我拥有百姓一样，太阳会灭亡吗？只有太阳灭亡，我才会灭亡。』桀日益失去人心，结果众叛亲离。后来，商汤发兵讨伐夏桀，夏桀想调动大军镇压，但是，他的军队早已不愿听从他的摆布，结果，夏桀战败，被商汤放逐，最终饿死，落得个可悲的下场。

『得民心者得天下』，这是古已有之的一条真理。夏桀灭亡的原因在于，他执著于自己的享乐，而忽视了人民的作用。他把自己的享乐驾驭在百姓的痛苦之上，势必激化两个阶级之间的矛盾。夏桀失败可以作为本章的一个反面例证：统治者过于看重自己的利益而忽视他人的利益，其统治必然不会长久。

第八章

题解 在老子看来，崇高的德行应该具有水一样的品格。他试图借水的品格来为人的行为树立一个榜样：水自身柔弱至极，善于滋润世间万物却不与万物争高下、论短长；它总是甘于停留在最低处，因此也最接近于『道』。接下来，老子又从几个方面来具体探讨这一问题。

老子强调，一个人应当像水一样，善于选择下位而居，即『居善地』；心胸应该像水一样深沉幽静，即『心善渊』；待人应该像纯净透明的水一样真诚友爱，即『与善仁』；说话要像潮水那样准时有信，即『言善信』；从政要像水那样能够在万物之间周旋调和，即『正善治』；做事要像水一样发挥最大的效能，即『事善能』；行动起来要像水的流势一样把握时机，即『动善时』。

上述这些品行的核心，就是与世无争，对自身的环境能够泰然处之。老子认为最完美的人，应该乐于从事别人所不愿从事的工作，能够坚忍负重，默默劳作，却不与别人争名夺利。尽管老子的这种处世哲学比较消极，但其中一些优秀品性，还是能够给我们一些有益的启发。

原文 **上善若水①。水善利万物而不争②。处众人之所恶③，故几于道④。**

○司马光《道德真经论》：人恶卑也。道无水有，故曰几。○王夫之《老子衍》：人情好高而恶下。五行之体，水为最微。善居道者，为其微，不为其着；处众之后，而

在川观水　孔子认为河水长流不息，好像道的流传一样，所以君子见水必观。

常得众之先。何也？众人方恶之，而不知其早至也。**居善地，心善渊⑤，与善仁⑥，言善信⑦，正善治⑧，事善能⑨，动善时⑩。**○河上公《老子章句》：水性善喜于地，草木之上即流而下，有似于牝动而下人也。水深空虚，渊深清明。万物得水以生。与，虚不与盈也。水内影照形，不失其情也。无有不洗，清且平也。能方能圆，曲直随形。夏散冬凝，应期而动，不失天时。**夫唯不争，故无尤⑪。**○陈致虚《道德经转语偈》：众人所恶上贤明，动善其时故不争。一点灵光君未识，却将水火煮空铛。○明太祖《御注道德真经》：谓能其事矣而已之，不可太过也。

注释　①上善若水：最接近于善的人就好像水一样。上善，最好的、一流的善。若水，像水一样。②善利：善于利物，即善于滋润万物。③处众人之所恶：停留在众人都厌恶的地方。处，处在、居于。众人之所恶，众人厌恶的地方，指低下的地位。④几于道：最接近于『道』。几，近，与……相似。⑤渊：深的意思，在此形容心胸幽静且深不可测。⑥与：与人交往。⑦信：诚实、守信用。⑧正善治：为政善于治理之法。⑨事善能：做事善于发挥特长。⑩动善时：行动善于抓住时机。⑪夫唯不争，故无尤：正因为他（上善若水之人）有与世无争的美德，因此才没有过失。尤，过失、错误。

譯文 最接近于善的人就好像水一样。水善于滋润万物从而有利于万物的生长，但它却不与万物相争，总是停留在众人都厌恶的地方，因此也最接近于『道』。至善的人，能够像水一样善于选择处所，心胸善于保持幽静并且深不可测，善于以真诚无私的态度与人交往，说话诚实守信，从政善于治理之法，做事善于发挥长处，行动善于抓住时机。正因为他有与世无争的美德，因此才没有过失。

讀解心得 本章，老子以生活中最常见的水来说明何为『善』，水是柔弱的，它无形、无色、无味，最容易被我们忽视却又是我们生活中最常见、也最离不开的自然产物。所以老子独爱水，并以水比作圣贤之人，认为只有拥有如水般品德的人才可谓『善』。

人们常说『柔情似水』，曹雪芹在《红楼梦》中也说道『女人是水做的骨肉』，这都是以水至柔的特性作比。但水是至柔的，也是至刚的，自古就有水滴石穿的典故，想想水何其微小柔弱，石头又何其坚硬，水能穿石，可见水的柔中带刚。水又是至韧，李白有诗言『抽刀断水水更流』，宝刀可以削铁如泥，却无法阻断娟娟细流，可见水长流不断之韧。水至洁，水晶莹透明，只可被为万物所污染而不侵染万物，又可洗刷万物之尘埃，此为水之至洁。水能与万物相容，此为至容。可见老子偏爱水，不是毫无道理。同时老子认为『水善利万物而不争』，水有功劳万千，却不去争名逐利，泰然安处于低洼，『此乃谦下之德也』。这也是一个胸怀高远的贤能之士所应该具有的高尚品德。『上善若水』是东方文化，也是中国传统文化中所特有的为人处世的方法与道理，也就是说不张扬、不巧辩，以自己所具有的美好内在去感化众人，而不是时时刻刻表现自己，大肆宣扬自己，才为『善』人，也就更接近于老子的『道』。

經典事例

大树将军

冯异是汉光武帝刘秀手下著名的武将，被列为东汉『二十八宿将』之一。

早在刘秀起兵之初，冯异就投到其麾下。他跟随刘秀征战二年以后，刘秀见冯异是个将才，就分出一部分部队，让他带领。不久，因为他军功卓著，刘秀于是封他为应侯。

在刘秀麾下的众多将军当中，冯异以治军有方而著称。他爱护士卒，深得部下的拥戴，因此，士兵们都愿意在他手下作战。

每次战斗过后，刘秀都要为将军们评功论赏。这时候，各位将军都为争功而大呼小叫，有时甚至拔剑击树，吵得不可开交。唯独冯异从不争功争赏，每次都独自坐在大树之下，任凭汉光武帝评定，从不争功。于是，大家就给他取了一个雅号，叫他『大树将军』。冯异的名声由此传开，军中无人不晓。

刘秀称帝之后，各地仍然战乱不已。刘秀定下了策略，决定以平定天下、安抚百姓为主。他左思右想，最后决定让冯异率兵从洛阳向西进发，以平定关中地区。他任命冯异为征西大将军。冯异只用了几个月时间，就完全平定了战乱，又一次为刘秀立下了汗马功劳。

接着，冯异又连续平定数地，声威大震。这时，有人嫉妒冯异的荣誉，就在刘秀面前挑拨离间说：『冯异现在领兵在外，名声大得很。冯异到处收买人心，排除异己。咸阳地区的百姓都称他为「咸阳王」。陛下可得提防啊！』

刘秀听了，让人如实地传话给冯异。冯异知道此事后，马上向刘秀上书自白，请皇帝不要听信谗言。

汉光武帝不愧为一代明君，他看到冯异的信后，马上回复说：『冯将军，你对国家和朕来说，从礼义上讲是君臣关系，从恩情讲就如同父子之间的关系，你不必介意奸人的话。』

冯异

冯异，字公孙，东汉中兴名将，『云台二十八将』之一。早年为王莽效力，为人谦退，作战勇敢，善用谋略，治军严明，关心民生，为东汉创业立下奇功。

姜子牙

吕尚，即姜太公吕望，人称姜子牙。曾辅佐周文王伐纣，后辅佐文王之子武王伐商建周，为周朝开国功臣。

为了表示诚意，刘秀把冯异的妻、子都送到咸阳，还给他更多的封赏与权力。

就这样，冯异一直到去世，都一直尽忠王事，而且从来不居功自傲。冯异就很具有老子所说的『水』的特性，能滋润万物而不争名夺利，这也是他能善终的一个重要原因。

太公诤言

有一次，周武王向姜子牙询问治军之道：『怎么才能让将士们奋不顾身地冲锋陷阵，让他们听到进攻的鼓声就兴奋，听到撤退的鸣金就不高兴呢？』姜子牙回答说：『身为将帅的有「三胜」：第一，冬天不穿皮衣、夏天不摇扇、下雨天不遮挡，与手下士兵同甘共苦，这就叫「礼将」；第二，翻山越岭、行走于泥沼之时，走在士兵的前面，身体力行，身先士卒，这就叫「力将」；第三，安营扎寨之时，全军的帐篷还没有扎好、全军的饭没做熟的时候，能克制住自己的私欲，不先休息吃饭，这就叫「止欲将」。一个统帅如果能做到这三点，就算敌人站在城墙之上发射密如飞蝗一般的箭石，你手下的士兵也会毫无畏惧地攻城。』

武王又问有没有供子孙后世永远铭记的格言，姜子牙说这样的格言在《丹书》上，要求武王须先斋戒沐浴，然后才能宣读。武王经过斋戒沐浴之后，诵读了《丹书》。姜子牙说：『用仁义得到天下，又用仁义来治理天下，这样可以传至万代；用暴力得到天下，但用仁义来治理，可以传至十代；用暴力夺取天下，又用暴力治理，那第一代就会出问题。』武王听了这番教诲，就在门窗、洗脸盆、镜子、拐杖，甚至自己鞋上都刻满告诫自己的铭文。

正是在姜子牙的教导之下，周武王始终坚守着以仁义为本的治国之道，使周朝的基业更加巩固。可以说，武王的所作所为，正合于本章中老子所提出的『居善地』、『与善仁』等执政思想。

第九章

题解 『水满则盈，月满将亏』，虽然人们都明白这个道理，但是在实际行动中，往往还是不会放弃对过多的名利的竭力追逐。老子在本章，对这一问题进行了阐述。老子认为，万事万物矛盾的转化都是『度』在起作用。一个事物如果超越了这个『度』，自然就会向它的对立面转化。因此，他要求为人处事应当适可而止，千万不要过度地追求完美，否则必将『自遗其咎』。

原文 **持而盈之①，不如其已②。揣而锐之③，不可长保。**○河上公《老子章句》：盈，满也。已，止也。持满必倾，不如止也。揣，治也。先揣之，后必弃捐。○王夫之《老子衍》：持之使盈，揣之使锐。善盈者唯谷乎！善锐者唯水乎！居器以待，而无所持也。顺势以迁，而未尝揣也。故方盈，方虚，方锐，方锌。**金玉满堂，莫之能守。富贵而骄，自遗其咎④。**○唐玄宗《御注道德真经》：此明盈难久持也。此明锐不可揣也。骄犹心生，故咎非他与。○王夫之《老子衍》：固当以不守守之。**功遂身退⑤，天之道也⑥。**○王弼《道德真经注》：四时更运，功成则移。○唐玄宗《御注道德真经》：功成名遂者，当退身以辞盛，亦如天道虚盈有时，则无忧患矣。

注释 ①持而盈之：意思是手里拿的容器里面水已经满了。持，拿、端等意思。盈，满。②已：停止。③揣而锐之：揣，打。锐之，使之锐，即使它尖锐。④自遗其咎：

即自己招供的意思。遗，赠送。咎，祸。⑤功遂身退：功成名就后，应当退位收敛。遂，完成。⑥天之道：即自然的规律。道，在这里指一种普遍规律。

譯文 个人的所得将要满溢，不如及时停止追求；锤炼金属使其锋芒毕露，锐利的势头难以保持长久。金玉满堂，不会长久守持住。富贵而又骄横的人，自寻灾祸。功成名就之后，自己便归隐离去，这才符合天道。

讀解心得 老子在这里反复强调『为而不恃，功成而弗居』，以及他自己总结的『功遂身退，天之道也』，不过是想告诉我们一个道理：一个人总是以卖弄自己的才华为能，咄咄逼人，更容易为自己引来祸端。

因此，凡事总是存在着一个过犹不及的道理。这就好似一把原本已经非常锋利的刀，若总是嫌它不够锋锐而来回的打磨它，最终的结果，就是将它的刀锋崩损。做人的道理与此相同，想要磨得刚刚好谈何容易？功遂身退又谈何容易呢？人的欲望，就像一个从山顶滚下的雪球，越滚越大，到最后就算想停下来，也根本由不得自己了，只能一直向下滚下去，直到撞到山壁或者跌下悬崖。

正如老子所预言的那样，历史上多少名臣将相，皆是因为功高震主而引来杀身之祸，我们熟知的韩信就是个典型的例子。有关韩信的故事实在是太多了，从『胯下之辱』到『漂母寄食』，『从萧何月下追韩信』到『明修栈道、暗度陈仓』，这一幕幕链接在一起，便是一副生动的韩信成名史，讲述了韩信如何从一文不名的小子，修炼成了一员有智有谋的战将。然而，对权力的欲望，也随着韩信名声的响亮而逐步膨胀，几次在紧要关头，他以出兵为由要挟刘邦对其封王，刘邦照顾大局而勉强答应。被封为王满足了韩信心里膨胀的欲望，却引起了刘邦的猜忌，为自己日后埋下了无穷的后患。司马迁在他的《史记》里，对这位淮阴侯充满了崇敬和同情，对于他的死，太史公大发感慨：假使韩信也能学一点黄老，表面谦让，不炫耀功劳，不自逞能干，那么他对于汉家的贡献，就可以同周公、召公、（姜）太公媲美，何至于落得这样一个下场？

道家思想始终强调的是先『功成』再『身退』，可见道家并不是一贯以隐居者的姿态出现的，老子想要遵循的不过是他一遍又一遍强调的『自然』。当然，这个自然不是刻意的自然，如果你身处乱世，厌倦世事纷争而心生归隐之心，此种退隐即自然之道；相反，若是一个人身处富贵繁华人家，在奢华享受的同时又宣扬刻意避世修道，反而是不自然之举，违背了道家的本意。

經典事例

急流勇退

公元前 496 年，吴国和越国之间发生了一场战争，吴王阖闾兵败阵亡，两国因此结下了仇怨。过了两年，阖闾的儿子夫差为了替父报仇，率兵与越国开战，结果越王勾践大败，带领残余部队五千余人逃入会稽山。

韩信

韩信，汉初诸侯王。淮阴（今江苏淮安）人。秦末农民起义爆发后，投奔项梁，后属项羽。楚汉战争期间，归属刘邦，被任为大将，封为齐王。项羽失败后，汉朝建立时，改称为楚王。

西施

西施是中国古代四大美人之首。传说越王勾践被吴王夫差所困，于是献上美女西施迷惑夫差，夫差沉迷酒色，勾践则卧薪尝胆，最终复国成功。

勾践手下的谋臣范蠡为勾践出谋划策，劝越王屈身为奴，以此来保全性命，图谋日后复国。勾践在无奈之中采纳了他的建议。于是，范蠡陪同勾践夫妇到了吴国，在夫差手下为奴，夫差因此放松了警惕，没有杀掉勾践。

三年之后，夫差心怀怜悯，就把勾践放回国。这时，范蠡与文种共同拟定兴越灭吴的九条方略，史称『九术』。为了达到灭吴的目的，范蠡亲自带人跋山涉水，终于在苎萝山浣纱河找到了才貌兼备的美女西施。他巧施『美人计』，把西施送给吴王，西施在吴国里应外合，使吴王夫差减少了对越国的戒备。与此同时，越王勾践卧薪尝胆，励精图治，使得越国重新振作起来。

吴王夫差却对这一切都没有察觉，他偏信伯嚭的谗言，对老臣伍子胥越发冷淡。伍子胥和孙武曾是吴王阖闾手下的得力助手。二人帮助阖闾战败楚国以后，孙武打算辞官归隐，可吴王阖闾舍不得让他走，就让伍子胥去劝孙武留下。孙武对伍子胥说：『现在吴王自恃国力强大，边境太平，已经有些骄傲自满。自古功成不退，必有后患。我归隐山林，就是为了躲避灾祸。』他还劝伍子胥也解甲归田，以免将来有杀身之祸。可是伍子胥却认为孙武有些多虑，就没有离开吴王。于是孙武只好自己离去。夫差打败越国以后，因为与伍子胥意见不合，再加上小人伯嚭的挑拨，最后赐给伍子胥宝剑，命他自杀。

勾践看到吴王身边的重臣伍子胥已死，就抓住了一个机会，打败了吴国。

勾践得胜归来之后，立即召开了庆功大会。他大赏功臣，可是，却发现群臣之中少了个范蠡。原来，范蠡早已携带西施隐居江湖了。

范蠡临走之前，给文种留下了一封信，信上说：『飞鸟都被打光了，再好的弓箭也该收藏起来；兔子都被打完了，就轮到把猎犬煮来吃了。越王这个人，你可以与他共患难，但是不能与他共安乐，您还是赶快离开吧。』

可是，文种没有听从范蠡的劝告，依然在越王手下为臣。后来有一天，勾践派使者给他送来一口利剑。文种一看，这正是当初夫差让伍子胥自杀的那把宝剑。文种后悔

伍员剑赠渔父

伍子胥当年逃亡之时，曾得一渔翁相助，子胥欲赠剑为谢，渔翁坚辞不受。伍子胥后来劝吴王夫差保持对越国的警惕，惹怒夫差而被赐死。

范蠡扁舟归五湖

范蠡协助勾践破吴，被封上将军，然范蠡深知大名之下难久居，功成隐退。范蠡曾遣人致书文种，劝其隐退，文种不听，不久果被勾践赐剑自杀。

没有听从范蠡的忠告，只好拔剑自杀了。

范蠡离开越国以后，辗转来到了齐国。他隐姓埋名，带领儿子和众门徒在海边垦荒耕作，兼营副业并且经商。没过几年，就积累下数千万的家产。范蠡仗义疏财，施善乡里。久而久之，他的贤明能干得到了齐王的赏识，齐王请他来到国都临淄，拜他为相国。范蠡喟然长叹：『官至于卿相，治家能积千金，这对于一个白手起家的平民百姓来讲，已经达到了极点。可是长久享受名利，恐怕不是吉兆。』于是，他只做了三年相国，就再次急流勇退。他向齐王交还了相印，把家财散给知交和乡里。

范蠡带着家小又迁徙至陶。他在这个居于『天下之中』的极佳的经商宝地，又施展他的经商智慧，没过几年，又成了巨富，自号陶朱公。后来民间皆尊陶朱公为财神。范蠡因此被后世尊为我国『儒商』的鼻祖。

司马迁曾说：『范蠡三迁皆有荣名。』范蠡成功的原因就在于，他能够不为金钱、地位所累，在『金玉满堂』的极盛时刻急流勇退，从而保全自己。由孙武与伍子胥、范蠡与文种的结局可以看到，『功成身退』不仅是『天之道』，更是处世之道。

第十章

题解 本章主要讲修身之道。老子用六句问话对悟『道』之法进行了总结。由于『道』是极为玄妙的，难于表述出来，因此，认识这个『道』，也就不像认识某个具体的事物那样容易，首先必须洗涤自己的心灵，使得形神一体；只有像初生的婴儿那样神情纯真凝聚，呼吸柔顺自然，丝毫不掺杂人世间的机巧，不掺杂任何私心杂念，才能真正领悟『道』的真谛，进而培养『德』。老子认为，纯真、自然才是人类最美好的品德，只有恢复到至纯的心理状态才能体会『道』的真意。反过来我们可以想：如果把人世间的种种诱惑、欲望和机巧装填在胸中，那么他还有空闲的精力来领悟『道』吗？被世俗包围的人们无法用常规的准则猜想到，一个心中无欲、至纯至善的婴儿，却能够感受到理想天国中的祥和安宁。

老子进而将对『道』的体悟引到治国安民上来，再次阐释了『无为』的思想：『爱国治民，能无为乎？』并以『生之，畜之。生而不有，为而不恃，长而不宰』来解释『玄德』的奥妙。

原文 **载营魄抱一①，能无离乎？**○王弼《道德真经注》：载，犹处也。营魄，人之常居处也，一人之真也。言人能处常居之宅，抱一清神，能常无离乎，则万物自宾矣。○王夫之《老子衍》：营魄者，魂也。载者，魄载。三五一。载，则与所载者二，而离矣。**专气致柔②，能如婴儿乎③？**○河上公《老子章句》：专守精气使不乱，则形体能应之而柔顺。能如婴儿内无思虑，外无政事，则精神不去也。○明太祖《御注道德真经》：若使魂常在身不妄游，是为专气。**涤除玄览④，能无疵乎？**○唐玄宗《御注道德真经》：玄览，心照也。疵，瑕病也。涤除心照，使令清净，能无疵病。○王夫之《老子衍》：有所涤，有所除，早有疵矣。**爱民治国，能无为乎？**○河上公《老子章句》：治身者，爱气则身全；治国者，爱民则国安。治身者呼吸精气，无令耳闻；治国者，布施惠德，无令下知也。○王弼《道德真经注》：任术以求成，运数以求匿者，智也。玄览无疵，犹绝圣也。治国无以智，犹弃智也。能无以智乎，则民不辟而国治之也。**天门开阖⑤，能为雌乎⑥？**○王夫之《老子衍》：生之所自出为天门。阖伏开启，将失雌之半矣。化至乃受之。**明白四达，能无知乎⑦？**○河上公《老子章句》：言达明白，如日月四通，满于天下八极之外。故曰：视之不见，听之不闻，彰布之于十方，焕焕煌煌也。无有能知道满于天下者。○王夫之《老子衍》：明白在中，而达在四隅，则有知矣。**生之畜之，生而不有，为而不恃，长而不宰，是谓玄德。**○司马光《道德真经论》：长谓下知有之，宰谓有所制割。○王夫之《老子衍》：此不常之道，倚以为名，而两俱无猜，妙德之至也。

注释 ①载营魄抱一：指魂和魄即精神和身体合而为一。载，语气助词，相当于『夫』。营魄，魂魄。抱一，合一。这个『一』就是『道』，抱一即精神与形体统一于

『道』上面，使二者达到合一的状态。②专气：专气，就是集中精气、排除杂念。这是一种宁静柔顺的状态。专，集中而不分散。气，精气，指生命的活力。③婴儿：这是老子经常使用的一个概念，指当人心灵处于自然柔顺、平和宁静的状态时，像无欲的婴儿一般真纯。能如婴儿，即是老子所追求的自然真朴素的境界。④涤：洗涤。玄览：玄，指形而上的微妙难识的。览，通鉴。鉴指镜子。⑤天门：指目、耳、口、鼻这些人的身体上天赋的自然门户。开阖：动静。即感官进行视、听、嗅、言、食等生命活动的动作。⑥为雌：即守雌，直译是像母性生殖器那样保持安静柔弱。⑦知：同『智』，心机、心术的意思。

譯文 精神和形体合二为一，能不分离吗？聚集精气以致柔和，能达到像初生婴儿那种无欲的状态吗？荡涤杂念而深入观察内心，能没有瑕疵吗？爱民治国，能够自然无为吗？感官接触外界时，能宁静吗？明白四达，能不动用心机吗？促进万物生长、繁育，产生万物却不占为己有，养育万物而不因此倚恃其功，作为万物的首领而不主宰他们，这就是最深的德。

讀解心得 『营』是我们传统中医里的一个词汇，《素问·痹论》：『营者，水谷之精气也。和调于五脏，洒陈于六腑，乃能入于脉也。故循脉上下，贯五脏，络六腑也。』在中医的理论中，与『营』相对的是『卫』，《素问·痹论》：『卫者，水谷之悍气也，其气慓疾滑利，不能入于脉也，故循皮肤之中，分肉之间，熏于肓膜，散于胸膛。』

用通俗些的话来解释，就是营为里，卫为表，表里不和，人体就会处于失衡状态。中医，其实讲的就是凡事都是处于中间时为最好的道理，这与老子的思想不谋而合，所以老子上来第一句，即是『载营魄抱一，能无离乎？』一个人，如果可以达到载营魄抱一而无离，专气致柔如婴儿，那他必然可入于内圣境界。但是，老子在此提出了疑问，虽然人们都知道达到如此极端的境界是最好的，但是，

帝尧

尧是中国古代传说中的圣王，姓尹祁，号放勋。因封于唐，故称『唐尧』。

柳下惠

柳下惠，姓展，名获，字禽，一字季，春秋鲁国大夫无骇之后。食邑柳下，谥号『惠』，故称柳下惠。柳下惠是春秋时期著名的贤人君子，其『坐怀不乱』的故事流传千载。

真的有人可以做到吗？而如果这是一个根本不可能完成的任务，那么以此作为目标还有多少意义呢？

正是有了这些思索，老子又一次把他的『自然』与『无为』理论摆在了我们面前。他告诉我们，只要人处于一种无欲无为的境界下，一切就变得简单了。『爱民治国，能无为乎』，『明白四达，能无知乎』等等，其实是老子心向往之的一个世界，但这个世界未免太过于纯净，不染杂质。因此，做不到这些的人们，最大的瓶颈是不能澄净自我。于是乎，老子又说，做到这些，其实并不难，让自己的心灵踏实澄净下来，对待事物『生而不有，为而不恃，长而不宰』即是最深厚的德行了。

宋代大儒邵康节有一句诗：『唐虞揖让三杯酒，汤武征诛一局棋。』放在这里映证老子的学说实在最恰当不过。唐尧、虞舜都是上古的圣贤君王，他们处于权力的巅峰，却能在进退之间，互相揖让禅位，杯酒言欢，坦率自然，绝无机诈之心。而汤武却用征诛的手段取得天下，这已与老子宣扬的自然之道大相径庭了。由这两句名言，便可窥见到老子的人生标准与历史哲学观点的玄言妙义了。

經典事例

坐怀不乱

『坐怀不乱』的典故源自春秋时代的一个叫柳下惠的人。柳下惠姓展，名获，字子禽，春秋时期柳下人。他曾官拜士师（掌管监狱的官）。他为官清正，执法严明，与当时的官场格格不入，后来便弃官归隐，居于柳下。死后被谥为『惠』，后人称他为柳下惠。

相传，在一个寒冷的冬夜，柳下惠寄宿于城门。当时，有一个没有地方住的妇人前来投宿，柳下惠怕她冻死，就叫她坐在自己怀里，并解开外衣将她裹紧。两人同坐了一夜，并没发生越轨的行为。这件事后来被人传扬开，柳下惠因此成为了『坐怀不乱』的正人君子的代名词。

后来，鲁国又发生了一件类似的事。在一个小村庄里，住着一个单身的年轻男子，在他的隔壁住着一个年轻的寡妇。有一天刮起了大风，寡妇家的茅屋被风刮倒了。寡妇无处安身，便去敲这个单身男子家的门，请求借宿。单身青年隔着门对站在自己家门口的寡妇说道：『如果你我已是六十岁的老人，同住在一个屋中也无所谓，但你我毕竟太年轻，孤男寡女同住一起实在不大方便。』男青年就这样拒绝了寡妇的请求，让她另找别处去住。寡妇说道：『难道你就不能向柳下惠学吗？』男青年则回答道：『我要学柳下惠，并不是非要把你留在我的家中。我将你拒之门外，是用我自己的方式来学习柳下惠的坐怀不乱。』

柳下惠的品格，就如同老子所崇尚的『婴儿』那样，没有非分之想，心灵没有瑕疵。他在常人所难以抵挡的诱惑面前毫不动心，根本无视这种诱惑的存在，这样的人可称得上是真正的君子。

鲁国的这个男青年也很有自知之明，他知道，自己年轻气盛、血气方刚，如果让他和这个年轻的寡妇同处一室，他可能做不到像柳下惠那样坐怀不乱。与其去做自己认为没有把握的事情，还不如把可能出现的负面结果消灭在事情发生之前。可见，鲁国男子的这种做法也确实是品行高尚的表现。

第十一章

题解 人们一般都比较重视实有之物的作用，而老子在这一章中则强调了常常被人遗忘的空虚之物的作用。老子运用日常生活中实实在在的例子，说明了看似无用之物的巨大作用。他首先以车毂为例，它能够运转不休的关键就在于它中空无物，因此才能够承受来自各方向辐条的压力，并将这些压力还原成不断转动、前行的动力。这就是老庄哲学当中非常重要的『无用而有大用』的思想。

老子对于实有与虚无的认识，都是从它们各自的实际出发，而排除了二者的外部形式对于认知的影响，这其中蕴含着精妙的辩证法思想。

原文 **三十辐，共一毂①，当其无，有车之用②。**〇司马光《道德真经论》：以其虚中受物，故能以寡统众。〇宋徽宗《御解道德真经》：有无一致，利用出入，是谓至神。有无异相，在有为体，在无为用，阴阳之运万物之理也。车之用在运。**埏埴以为器③，当其无④，有器之用。**〇王弼《道德真经注》：木埴，壁之所以成。〇唐玄宗《御注道德真经》：埏，和也。埴，土也。陶匠和土，为瓦缶之器。**凿户牖以为室⑤，当其无，有室之用。**〇河上公《老子章句》：谓作屋室。言户牖空虚，人得以出入观视；室中空虚，人得以居处，是其用。〇王弼《道德真经注》：三者而皆以无为用也。**故有之以为利，无之以为用⑥。**〇明太祖《御注道德真经》：所以经云：有之以为利，无之以为用。盖圣人教人，务要诸事必欲表里如法，事不倾覆，人王臣庶，可不体之？

注釋 ①辐：指的是车轮上面连接轴心和轮圈的木条。古代的车轮有三十根辐条。毂：车轮中心的圆孔，车轴从当中穿过。②当其无，有车之用：无，这里指车毂中虚空的部分。正因为有了车毂中虚空的部分（车轴能在里面转动），才使车具有了运载的功用。③埏埴以为器：埏，和、揉。埴，黏土。揉捏黏土制成器皿。④当其无：正因为有了器皿中空的地方（使器皿具有盛东西的用途）。⑤户牖：门窗。⑥有之以为利，无之以为用：有，指事物的实体。无，中空的地方。『有』给人以便利，『无』便发挥出它的作用。

譯文 车轮上的三十根辐条聚集到中间一根毂上，正因为有了车毂中间的孔洞，才有了车的作用。揉捏陶土，把它制成器皿，正因为有了器皿中间虚空的地方，才有了器皿的功用。开凿门窗建筑房屋，正因为有了门窗四壁之内的空虚部分，才有了房屋的作用。由此看来，『有』给人以便利，『无』则发挥了它自身的作用。

讀解心得 针对此章，宋徽宗曾评说：『有则实，无则虚，实故具貌象声色而有质，虚故能运量酬酢而不穷。天地之间，道以器显，故无不废有，器以道妙，故有必归于无。』王弼亦批注云：『以其无能受物之故，故能以寡统众也。』

『有』，指实有之物，看得见、摸得着、有形、有状，如车、器、室等。若世间无此类实有之物的存在，『何用之有』？然而车、器、室这些实有之物的实有之利，却正是凭借它们中间的虚空——『无』才发挥出作用。车，因毂中间虚空让轮子得以转动，才显示其运输作用；器，因中间虚空，才显示其贮存作用；室，因中间虚空，才显示其居住作用。没有『有』可资以为利，『无』的作用便不存在。如果没有『无』，『有』的作用则根本无从发挥。无『无』，『有』更是失去其存在价值，而不成其为『有』了。由此可见，『无』正是『有』的一定存在形式，二者都是器物不可分割的构成部分。老子在二千多年前即精辟地概括出了器物的本质，以及有无之间相根、相生、相资、相用的关系。

世界著名现代建筑大师赖特（美）非常推崇老子，常引用『凿户牖以为室，当其无，有室之用』来阐述他的空间概念。1946年，梁思成曾作为联合国总部建筑选址委员会的中国代表出访美国，曾特别访问了赖特。赖特问他：『你到美国来的目的是什么？』梁思成答道：『是来学习建筑理论的。』赖特挥手说：『回去！最好的建筑理论在中国。』接着背诵了这段话，并赞誉这段话为『最好的建筑理论』，后来甚至把这段话作为校训，写在他创办的校园的墙壁上。

經典事例

空城计

在《三国演义》中，有一段诸葛亮巧用空城计使司马懿退兵的故事。

诸葛亮因为错用马谡而失掉街亭，无奈之中只得退守。魏将司马懿趁机引大军十五万向诸葛亮所在的西城扑来。当时，诸葛亮的身边没有武将，只有一些文官，他手下的五千军队，也有一半运送粮草去了，只剩两千多名老弱残兵在城里。众人听说司马懿带兵前来，都大惊失色。诸葛亮登上城楼观望之后，对众人说：『大家不必惊慌，我略施小计，就可教司马懿退兵。』

诸葛亮立刻传令，把城中所有的旗帜都藏起来，士兵原地不动，如果有谁私自外出或大声喧哗，立即斩首。

他又命人把四个城门打开，每个城门派二十名士兵打扮成百姓的模样，洒水扫街。

诸葛亮

字孔明，汉末著名政治家、军事家和外交家。从二十六岁起，他竭尽心志辅助刘备建立了与曹操、孙权抗衡的蜀汉。刘备死后，他又全力帮助懦弱的刘禅。连司马懿也称赞他为『天下奇才』。

司马懿

司马懿，字仲达，世称号冢虎、管兵伐。三国时期魏国杰出的政治家、军事家，曹魏权臣。多次率军对抗诸葛亮，因其战功卓著被封为宣王。

诸葛亮自己则披上鹤氅，戴上纶巾，带着两个小书童，拿着一张琴，到城上的望敌楼前凭栏落座，焚起香，然后就慢慢弹起琴来。

魏军的先头部队到达城下，见了这种情况，不敢轻易入城，于是急忙返回，把情况报告给司马懿。司马懿听后笑道：『这怎么可能呢？』于是飞马亲自前去观看。离城不远，他果然望见诸葛亮正端坐在城楼上，笑容可掬地焚香弹琴。城门内外，二十多个百姓模样的人正在低头洒扫，旁若无人一般。司马懿疑惑不已，于是来到中军，下令撤退。他的二儿子司马昭说：『莫非是诸葛亮城中无兵，所以才故意摆出这个样子来的？您为何要退兵呢？』司马懿说：『诸葛亮一生做事谨慎，从不冒险。现在城门大开，里面定有埋伏，我们如果进去，正好中了他的计。还是赶快撤退吧！』于是就领兵退了回去。

兵圣孙武曾提出过『能而示之不能』的战略思想，诸葛亮所设下的『空城计』，则是『不能而示之不能』。战场上形势多变，司马懿正是看到了城中的空虚，才误以为『虚中有实』，这正是诸葛亮所希望看到的效果。由此可见，『无』也自有它的作用。

第十二章

题解 老子在这一章指出了物欲文明对于人的伤害。他首先列举了色彩、声音、味道、狩猎、稀有之物对于人身心的种种伤害，从而引出自己的观点：沉湎于感官上的享乐会导致人们的感触功能减退，使人们的品行偏离正道。老子是坚决排斥这种生活的，他所崇尚的，是『为腹不为目』生活。只有养成这种清心寡欲的生活习惯，才能够让人们的感官保持住为维持基本生存而服务的功能。

原文 **五色令人目盲①；五音令人耳聋②；五味令人口爽③；驰骋畋猎④，令人心发狂⑤；**〇司马光《道德真经论》：爽，失也。〇明太祖《御注道德真经》：此专戒好贪欲，绝游玩，美声色，贵货财者。此文非深，即是外作禽荒，内作色荒，酣酒嗜音，峻宇雕墙是也。**难得之货，令人行妨⑥。**〇河上公《老子章句》：妨，伤也。难得之货，谓金银珠玉，心贪意欲，不知餍足，则行伤身辱也。〇王弼《道德真经注》：难得之货，塞人正路，故令人行妨也。**是以圣人为腹不为目，故去彼取此。**〇王弼《道德真经注》：为腹者以物养己，为目者以物役己，故圣人不为目也。〇司马光《道德真经论》：腹内守，目外慕。

注释 ①五色：青、赤、黄、白、黑，此处代指缤纷的色彩。目盲：喻指眼花缭乱。②五音：古代音乐有宫、商、角、徵、羽五个基本的音阶，此处代指纷繁的音乐。耳聋：此处喻指听觉不灵。③五味：酸、苦、甘、辛、辣，此处代指口味丰美的食物。

口爽：爽，伤。口爽，一种口病，此处喻指味觉差失。④驰骋畋猎：驰骋，马奔跑；畋猎，围猎。即纵情玩乐。⑤心发狂：内心放荡而不可抑制。⑥行妨：妨，害、伤。行不当之事。

譯文 缤纷绚丽的色彩使人们眼花缭乱；嘈杂纷乱的声音使人听觉不敏感；食物浓厚的味道使人的味觉受到伤害；纵情于狩猎使人的内心狂乱；稀有的货品使人行不轨之事。所以，圣人只求维持基本的生存需要，而不沉湎于于感官的享乐，因此要有所取舍。

讀解心得 人皆好欲，耳目口心均有所好。但是，物欲很容易迷蒙人的耳目心智，故而，对物欲的喜好不能过度。绚烂的色彩，纷繁的五音，虽然愉悦耳目，但过于迷恋其中，人就难以平静下来，从而意乱情迷，玩物丧志。五味给人以营养，使人体生命功能得以维持正常运行，但饮食过度就会使脾胃受到损伤，就会营养过剩以至肥胖，造成各种疾病，终使口味败坏。游玩畋猎使人情绪高亢，奇珍异宝使人产生贪婪之心，若是不加以控制，则容易因物欲横流而产生了尔虞我诈、唯利是图之心，甚至铤而走险去犯罪，从而导致种种不良的社会现象。况且，外在的声色之娱愈过分，心灵就愈空虚。只有摆脱外界的物欲生活，持守内心的安宁，才能保持心灵固有的纯真。故而，修道之人力求『五根』清静，眼不妄视，耳不妄听，舌不妄尝，身不妄动，意不妄想。

秦穆公

秦穆公是秦国历史上一位很有作为的君主。他有雄才大略，善于纳谏，举贤任能，使秦国国力日益强盛。

經典事例

九方皋相马

春秋时期的伯乐是善于相马的大师。可是，他老了，体力也已经渐渐不支。有一天，秦穆公对他说：『你现在年纪大了，你的子孙当中有可以派出去寻找千里马的人才吗？』

伯乐答道：『一匹普通的好马，可以从它的体态和骨架上看出来。而要找到特殊的千里马，却没有固定的标准，没办法用言语来描述。像这样的马奔跑起来，步伐轻盈无比，蹄子抬起也不扬起灰尘，奔跑过后不会留下脚印，一闪而过，仿佛看不到身影。我的那些儿孙都是下等的人才，他们虽然能够识别出什么是好马，却不能说出什么是千里马。不过，我有一个打柴卖菜的朋友名叫九方皋，他相马的能力只在我之上。我还是把他推荐给您吧。』

于是穆公召见了九方皋，让他出去寻找千里马。过了三个月，九方皋回来禀告说：『我已经找到千里马了，就在沙丘那个地方。』

穆公听罢兴奋不已，连忙问：『那是一匹什么样的马？』

九方皋回答道：『是一匹黄色的母马。』

穆公便派人去把那匹马牵来，却发现是一匹黑色的公马。穆公很生气，就派人把伯乐叫来说：『你推荐的相马的人实在糟糕透了，他连马的颜色和公母都分不清楚，又怎么能识别出千里马呢？』

伯乐听罢心怀感慨地赞叹说：『没想到九方皋相马的能力竟达到了这种地步，这就是他比我高明万倍的原因。他所注重观察的是马的精神，因而忽略了它的外表；注意马的内在品质，而忽略了它的颜色和雌雄；九方皋只看见了他所需要看到的而忽视了他所不需要看的；只有像他这样相出的马，才能称得上是比一般的好马更尊贵的千里马啊！』

后来经过检验，这果然是一匹天下少有的千里马。

九方皋相马，忽略了表象而注重实质，正说明了『君子为腹不为目』的深刻含义。

第十三章

题解 在这一章，老子讲到了人格尊严以及个人修养的问题，着重论述了『宠』与『辱』对人的危害。老子认为，对于一个人来讲，无论得宠还是受辱，这对他自身的人格来说，都是一种贬低。受辱自然会伤害人的自尊；而得宠，则会使人对于这意外的殊荣感到诚惶诚恐、战战兢兢，无形中就丧失了原有的独立人格。而多数人总十分看重自己的宠辱毁誉，有时甚至把外在的宠辱看得比自己生命还重。

在老子看来，大患来源于人的身体，『吾所以有大患者，为吾有身』，因此要想防止大患，就应当先重视自己的身体（即贵身）。老子所倡导的『贵身』，就是希望人们能够爱惜自己的生命，尊重自己的人格，而轻视那些来自于外界的荣辱。老子进一步指出，一个人只有珍爱自己的生命，才可能以同样的态度去珍视周围的一切生命，也只有这样的人，才能承担起治理天下的重任。

由此我们得出的结论是：不计较自身的宠辱，才能获得至高无上的人格尊严；以天下为『大身』的人，才能为天下解除『大患』。

原文 **宠辱若惊①，贵大患若身②。何谓宠辱若惊？宠为下③，得之若惊，失之若惊，是谓宠辱若惊。**○王弼《道德真经注》：宠必有辱，荣必有患，惊辱等，荣患同也。为下，得宠辱荣患若惊，则不足以乱天下也。○司马光《道德真经论》：为士者以道德为上，爵禄为下。上荣也，下辱也。众人乃宠其辱，操之则栗，舍之则悲。**何谓贵大患若身？吾所以有大患者，为吾有身，及吾无身，吾有何患？**〇司马光《道德真经论》：由有其身。归之自然。色声味货，身之大患也。众人乃贵之甚于身，皆徇外而忘内故也。〇王夫之《老子衍》：大患在天下，纳而贵之与身等。夫身且为患，而贵患以为重累之身，是纳患以自梏也。**故贵以身为天下，若可寄天下④；爱以身为天下，若可托天下⑤。**〇陈致虚《道德经转语偈》：大患只为吾有身，分明得失总皆惊。没身方是出身处，大患从来亦强名。〇王夫之《老子衍》：唯无身者，以耳任耳，不为天下任听；以目任目，不为天下任视；吾之耳目静，而天下之视听不荧；惊患去已，而消于天下，是以为百姓履藉而不倾。

注释 ①宠辱若惊：若，副词，于是之意。受宠或受辱，就感到惊恐。②贵大患若身：贵，重视，以……为贵；大患，即大的祸患。重视自己的身体好像重视大的祸患一样。③宠为下：得宠却并不光荣，而是低劣卑下的。④贵以身为天下，若可寄天下：寄，寄托、交付。以贵身的态度对待天下之事，就可以把天下托付给他。⑤爱以身为天下，若可托天下：以爱惜自身的态度对待天下之事，就可以把天下交付给他。

译文 得宠和受辱都很惊恐，好像受到惊吓，重视荣辱这样的大患就像重视自己的生命一样。什么叫得宠与受辱都好像受到了惊吓？得宠是低劣的事情，获得它就感到格外地惊喜，失去它则令人惴惴不安，这就叫做得宠和受辱都好像受到了惊吓。什么又叫做重视大患就像重视自己的生命一样？我之所以有大患，就是因为我有身体；假使我没有身体，那么我还有什么祸患呢？所以，看重自己的身体并以此看待天下的人，才能将天下托付给他；爱惜自己的身体并以此态度爱惜天下的人，才能将天下委托给他。

讀解心得 『宠』，几千年来在信任、提拔、表扬、奖励、赏赐、吹捧、赞颂等方面获得极致展现，所以世人都喜宠惧辱，求荣避耻。世人皆认为得宠则荣，名利双收，受辱则贱，无名利可图。于是代表荣宠的赏赐和溢美之词迅速蔓延，给社会带来愈来愈多的危害，因为有名利之心，必生贪争之念，有贪争之念，必招致大患。

历史的变迁中，吉凶祸福，瞬息万变。一宠一辱，座上客与阶下囚的距离每每只差毫厘。然而这些都无法让世人觉醒，人们没有办法不为这一宠一辱或一辱一宠所刺激，于是仍旧在争荣避辱中挣扎沉沦。只有世间高人如老子之列，才能做到宠辱若惊而求无为，爱惜自身的人格尊严而不为身外之物所累，更致力于超脱系于『宠辱』的自我。毁誉不动于心，荣辱不劳其神，拥有淡定自若、豁达泰然的心态和境界，处世以恒的人生态度，就像明人洪应明所书：『宠辱不惊，闲看庭前花开花落；去留无意，漫随天外云卷云舒。』这样才是可托天下之人应具的风貌。

經典事例

神农尝百草

传说中，在远古时期，人们喝生水，食野草，吃树上的野果，甚至吃地上的小虫子，所以经常生病、中毒。

神农知道这些以后，非常焦急，他不相信巫医问卜之术，但自己也没有治病的办法。他常常与其他人商讨，怎样才能治好人们的疾病，让他们摆脱病痛的困扰。他想了不少办法，如水浇、火烤、冷冻、日晒等等。这些办法虽然能使某些疾病的症状有所缓解，但效果却不是十分理想。

一天，神农走到山西太原金冈一带，无意之中品尝当地的草木，发现草木有苦辣酸甜等各种味道。他将带有苦味的草，熬成汤给咳嗽不止的人服用，这个人咳嗽的症状立刻减轻了不少；他把带有酸味的草，给肚子疼的人吃，这个人的肚子很快就不疼了。就这样，神农通过自己亲自品尝，来辨别什么样的草治什么样的病。但是，神农尝百草是一件极为辛苦的事，他不仅要跋山涉水寻找草木，而且品尝草药时还有生命危险，因为有些草药是有毒的，他曾在一天之内中毒七十次，被毒得死去活来，痛苦难忍。可是他凭借着强壮的体力和坚毅的性格，又坚强地站了起来，继续为天下苍生品尝更多的草木。

一次，他品尝一种在石缝中开黄花的藤状植物，把花和茎吃下去以后没有多长时间，就感到肚子里钻心地疼痛，肠子好像断裂了一样，神农疼得满地打滚。最后没能顶得住，中毒而亡。神农以他的生命为代价，发现了这种含有剧毒的草，后来人们称它为断肠草。神农尝百草的传说，也一代一代为世人所传颂。

神农中毒而死，虽然失去了自己的生命，但他所做的一切，都是为了维护『天下』这一『大身』，只有这样的人，才能成为天下万民真正的依靠。

第十四章

题解 在本章中，老子对于道体做了精辟的论述。老子所谓的『道』超越于任何具体事物，无形无状，因此是看不见、听不见，也摸不着的。对于这种没有确定的形体的抽象之物，我们无从进行感官上的体验，所以就无法用确切的言语来描述它的属性。为了解释『道』的内涵，老子只能以人们经验世界中的一些固有概念去解释，然后再通过对我们所熟知的感性经验进行一一否定，『视之不见名曰夷，听之不闻名曰希，搏之不得名曰微』，来彰显『道』的基本特征，反衬出『道』的玄奥精妙之处。

老子把人的感官所无法感知的事物都归属为『无』，『无』并非什么都没有，它的范围甚至比『有』更加广阔。『道』正是超越人类感知以外的『无』，虽然无声无形，然而又是实际存在的。老子对于『道』的精辟阐释，正是对宇宙本体论的探寻。

原文 **视之不见名曰夷，听之不闻名曰希，搏之不得名曰微。此三者**①**，不可致诘，故混而为一。**〇司马光《道德真经论》：无色。无声。无体。皆归于无。〇王夫之《老子衍》：固自有色声形之常名，故曰三者。繇后则有，诘之则无。李约曰：一尚不立，何况于三？**其上不皦**②**，其下不昧**③**。绳绳兮不可名**④**，复归于无物**⑤**。**〇明太祖《御注道德真经》：其道其理，甚不彰彰，甚不昏昏，若言无则出而井井焉，事行矣，其机无名若敛，寂然莫知所之。**是谓无状之状，无物之象，是谓惚恍。**〇韩非子《解老》：人希见生象也，而得死象之骨，案其图以想其生也，故诸人之所以意想者皆谓之『象』也。今道虽不可得闻见，圣人执其见功以处见其形。

迎之不见其首，随之不见其后。执古之道⑥，以御今之有⑦。〇王弼《道德真经注》：有，有其事。〇司马光《道德真经论》：无始。无终。古之道，无也。**能知古始⑧，是谓道纪⑨。**〇河上公《老子章句》：人能知上古本始有一，是谓知道纲纪也。〇唐玄宗《御注道德真经》：能知古始所行，是谓道化之纪纲。〇司马光《道德真经论》：道以无为纪。

注释 ①三者：即视之不见的『夷』、听之不见的『希』和搏之不得的『微』。这三者是老子用来描述不可感知的『道』的。②皦：明亮、清晰的样子。③昧：阴暗、不清楚的样子。④绳绳：渺茫、幽深、不可知的样子。名：名状、描绘之意。⑤复归于无物：指『道』复归于它无形无象、混沌不分的状态。⑥执：依据、根据。古之道：自古以来就存在的『道』。⑦御：驾驭，此处当为利用、使用之意。今之有：指眼前的具体事物。有，此处指一般意义上的现实世界的存在物。⑧古始：即宇宙的开端，『道』的起始。⑨道纪：纪，纲纪、规律。道纪，『道』的纲纪、『道』的规律。

译文 看它却看不见，所以称它为『夷』，听它却听不到，所以称它为『希』，用手摸它却摸不着，所以称它为『微』。这三种形象是不可追问的，因此混合为一体。『道』的上面并不显得光亮，下面也并不显得阴暗，它渺茫难测，不可名状，我们只好称它为没有形状的『道』。『道』无法来形容，不可名状，所以我们只能说它隐约恍惚。我们在它的前面迎接，却看不到它的头面，在它的后面追随，也看不到它的背面。依循于古已有之的『道』，以此来驾驭现实世界中的具体存在。能够认识宇宙的本源，这就是维系于『道』的基点。

讀解心得

老子悟道，悟得越深，越觉得『道』超脱于具体事物之上，物是有形的，可感的，而道却感知不到具体的形状，看不见，听不到，摸不着，让人无法描述。但是感触不到的『道』并不能说它不存在，而只能说明『道』有它特有的存在方式。或许就像颜回说孔子一样，观之在前，忽焉在后，道也一样，你感到已掌握了它，但猛然又发现它又在不远处等着你。『道』一直以无可见之形无边无际、无古无今地存在着，与日月同光，与泥土同尘，如水般无欲而长流，如玄牝般绵绵若存、生生不息。

老子认为对『道』越是有无法描述的感觉，就表示离『道』越来越近了。

老子在此章运用具象世界所听、所见、所闻、所触的概念即『夷』、『希』、『微』，试图解释玄妙幽深又无所不在的『道』，其后却又一一否定，称『道』是『无状之状，无物之象』，用人们常用于感知物的手段是无法感知『道』的。物受时空限制，『道』却超越时空，不受时空约束。于此，更映衬出『道』深微奥秘的本质特征。

道虽然是玄妙精深、恍惚不定的，是虚无的，但它的虚无不是纯粹的绝对的无，它是有物混成之物，无中含万有，无中生万有，无中出妙有，它是宇宙天地万物的母亲。黑格尔认为：『「道」就是「原始的理性，产生宇宙，主宰宇宙，就像精神支配身体。」』

『道』的纲纪与宇宙同寿，运用极广，看不到『首』，看不到『后』，自古以来就支配着世间的具体事物，统帅着一切『有』。要认识和把握世间的具体事物，就必须把握『道』自古以来固存的支配物质世界运动变化的规律。把握万物运作的规律，知其循续，就能知阴阳之消长，明五行之变化，知过去，探未来，识破天机了。

经典事例

杨修之死

东汉末年，有个著名的文学家叫杨修，他才思敏捷，机智灵巧，后来被『一代奸雄』曹操封为主簿，成为曹操的重要谋士。

有一次，曹操命人建造了一所后花园。工程即将落成之时，曹操前去观看。他在园中转了一圈，临走时一句话也没说，只是在花园门上写了一个『活』字。工匠们不明白其中的道理，就去向杨修请教。杨修听了工匠们的话之后对他们说：『门中添了个「活」字，就是「阔」字，曹丞相是嫌你们把园门造得太大了。』工匠们这时才恍然大悟，于是重新修造了园门。完工后再请曹操观看。曹操大喜，便问道：『是谁领会了我的意思？』工匠们回答道：『多亏了杨主簿指点！』曹操听罢，虽然表面上称赞，但心里却很忌讳。

有一次，塞北有人想巴结曹操，于是送给他一盒精美的酥（奶酪）。曹操品尝着酥，忽然灵机一动，他想考考手下文臣武将的才智，于是提笔在酥盒上竖写了『一合酥』

三个字，派人送给文武大臣。群臣看着这盒酥，百思不得其解，于是向杨修求教。杨修看了看盒子上写的字，竟打开盒子，把这盒酥分给大家吃了。大家都问他：『我们怎么能随便吃曹丞相的东西呢？』杨修不紧不慢地答道：『不是丞相让我们一人一口酥吗？』在场的众臣都为杨修的机敏而拍案叫绝。后来，曹操问其缘故，杨修从容地回答说：『盒子上明明写着「一人一口酥」，我怎么敢违丞相之命呢？』曹操虽然表面上喜笑，而心里却很妒忌杨修的才华。

曹操生性多疑，唯恐有人暗中谋害自己，于是他时常吩咐左右侍从说：『我在梦中好杀人，以后我睡着的时候，你们千万不要靠近！』有一天夜里，曹操睡觉时故意使被子滑落于地，平时深受曹操喜爱的一个近侍怕他着凉，于是走过去把被子捡起来为

曹孟德忌杀杨修

杨修才思敏捷，机智灵巧，是曹操的重要谋士。但终因过分展露自己的才华而招致杀身之祸，聪明反被聪明误。

他盖上。曹操突然跳起来，拔出床头的宝剑把他杀了，然后又躺倒在床上睡去。当他醒来的时候，看到地上有一具尸体，佯惊问道：『是谁杀了我的近侍？』其他侍从都以实情相告。曹操痛哭不止，命人厚葬近侍。这一下，所有人都以为曹操确实是梦中杀人，就再没有人敢在曹操睡觉的时候接近他了。只有杨修识破了他的真实意图，临葬时，他指着近侍尸体叹惜道：『不是丞相在梦中，而是你在梦中啊！』曹操听到这话以后更加厌恶杨修。

后来，曹操出兵汉中攻打刘备，被困于斜谷界口，想要进兵，前面又有马超坚守；想要收兵回朝，又怕被蜀人耻笑，所以心中犹豫不决。这时正碰上厨师端上鸡汤，曹操看见碗中有鸡肋，因此心有感慨。正在这时，夏侯惇进帐，向曹操请示夜间的口号。曹操随口说道：『鸡肋！鸡肋！』夏侯惇遂传令众官，都称『鸡肋』。行军主簿杨修听说传『鸡肋』二字为令，就让随行的军士们收拾行装，准备归程。有人把这一情况报知夏侯惇，夏侯惇大惊，连忙请杨修来到他的帐中，问道：『您为何收拾行装？』杨修说：『我听到今夜的号令，就知道我们最近要退兵还朝。鸡肋，食之无肉，弃之可惜。现在进不能取胜，退又怕人耻笑，在这里驻扎时间长了也没什么好处，不如早点回去，用不了几天魏王必定班师回朝。所以我命人先收拾行装，免得临行慌乱。』夏侯惇听后赞叹道：『还是您明白魏王的心思啊！』于是也收拾行装。在他的带动下，军中的其他将领，也都为回去做准备。曹操得知消息后，把杨修叫来问话，杨修就以

『鸡肋』的含义对答。曹操早就忌恨杨修才华高于自己，如今见他又猜透了自己的心事，于是大怒道：『你竟敢制造谣言，乱我军心！』于是命令刀斧手把杨修推出去斩首，并将其首级悬挂于辕门之外，以示众人。杨修死时，年仅三十四岁。

客观地说，杨修确实是一个聪明绝顶的人才，他能够洞察曹操的内心。但是，他在一件事上却犯了糊涂，即他没有认清曹操的为人。他过分地展露自己的才华，殊不知这反而使曹操对他产生了怨恨。真正的『得道』之人『迎之不见其首，随之不见其后』，不会去尽显自己的智慧，而杨修没能做到这一点，将自己的才智与性格展露无余，结果聪明反被聪明误。如此沉痛的教训，不能不让后人引以为戒。

第十五章

题解 老子在这一章中对『古之善为士者』做了描写。所谓的『士』，也就是真正懂得『道』的人。老子在前面几章当中，已经对『道』做了反复的阐述，他认为『道』是深奥恍惚、难以捉摸的超体验的存在，人们无法直观地去把握『道』的形态。既然如此，那么真正懂得『道』的人必然不同于人世间那些为名利所限制的俗人。在老子看来，懂得『道』的人显得沉静幽深，令人难以看透，即所谓『微妙玄通，深不可识』，因此只能勉强去形容他。像解释『道』的内涵一样，老子接下来用人们经验世界中的直观体验来说明得『道』者的状态，由此可见，人与『道』在某种程度上是可以融合的，但老子也指出『保此道者不欲盈』，得『道』之士对于『道』的探求永无止境。今天看来，这也正是人类不断追求真理的动力所在。

原文 **古之善为士者，微妙玄通，深不可识①。夫唯不可识，故强为之容②：**○河上公《老子章句》：谓得道之君也。玄，天也。言其志节玄妙，精与天通也。道德深远，不可识知，内视若盲，反听若聋，莫知所长。谓下句也。○王夫之《老子衍》：择妙者众，繇微而妙者鲜。求通者多，以玄为通者希。**豫兮若冬涉川③；犹兮若畏四邻④；**○王弼《道德真经注》：冬之涉川，豫然若欲度，若不欲度，其情不可得见之貌也。四邻合攻，中央之主，犹然不知所趣向者也。上德之人，其端兆不可睹，德趣不可见，亦犹此也。○司马光《道德真经论》：有道之士外貌皆然。**俨兮其若客⑤；涣兮其若冰将释⑥；敦兮其若朴，旷兮其若谷⑦；浑兮其若浊。**〇王夫之《老子衍》：吕吉甫曰：不为主也。夫章甫不可以适越，而我无入越之心，则妙不在冠不冠之中，而敢以冠尝试其身乎？而敢以不冠尝试其首乎？又恶知夫不敢尝试者之越不为我适也，坐以消之，则冰可燠，浊可清，以雨行而不假盖，以饥往而不裹粮。**孰能浊以静之徐清？孰能安以久动之徐生？**〇王弼《道德真经注》：夫晦以理物则得明，浊以静物则得清，安以动物则得生，此自然之道也。孰能者，言其难也。徐者，详慎也。〇王夫之《老子衍》：其徐俟之也，岂果有黄河之不可澄，马角之不可生哉？**保此道者不欲盈⑧，夫唯不盈，故能蔽而新成⑨。**〇唐玄宗《御注道德真经》：欲保此徐清徐生之道，当须无所执滞，若执清求生，是谓盈满，将失此道。故云不欲盈。夫唯不盈满之人，故能以新证之，行为弊薄，不以其新成而滞着也。

注释 ①微妙玄理，深不可识：细致、深邃而玄通，有深度到一般人不能认识。②夫唯不可识，故强为之容：强，勉强；容，形容、描述。正因为有『道』之人有深度到一般人不能认识，所以只能勉强去形容他。③豫兮：迟疑、处事慎重的样子。若冬涉川：像冬天涉足江河，形容人做事小心翼翼。④犹兮：犹，原为野兽之名，本性警觉。此处用来形容人警惕戒备的样子。四邻：指周围邻国。⑤俨兮：形容庄严、恭敬的样子。⑥涣兮：形容融和、洒脱的样子。凌释：凌，冰。指冰的融化。⑦旷兮：形容空豁、开阔、旷达的样子。⑧不欲盈：盈，满。不要求圆满。⑨蔽而新成：蔽，通『敝』。去故而更新。

譯文 古时真正懂得『道』的人，深邃玄通，深藏不露。正是由于他难以被认识，因此只能勉强地形容：处事谨慎啊，就像冬天踏冰过江；警觉机敏啊，就像是害怕邻邦随时会进攻；庄重严肃啊，就像筵席上的宾客；洒脱自然啊，就像正在融化的冰块；淳朴敦厚啊，就像未经雕琢的木料；心胸旷达啊，就像空旷的山谷；浑厚质朴啊，就像包容着污浊。谁能够在这种浑浊的环境中依然镇定，使纷乱的世界慢慢澄清。谁又能够在安定中由静缓缓入动？保持『道』的人不追求完美，正因为不求圆满，所以才能不断地除旧革新。

讀解心得 『道』是深微奥秘、难以用语言描述的，常人难于捉摸，但懂『道』之人的精神境界远超一般人的理解水平，他们具有谨慎、警惕、庄严、洒脱、融和、纯朴、旷达、敦厚等人格修养功夫，他们微而不显，含而不露，高深莫测，为人处事，从不自满高傲，故而能窥测世人『嗜欲深者天机浅』的『道』。

得『道』人士因深谙道法，精通天地间一切微妙玄通之理，所以静密幽沉、难以识别。老子之所以在本章勉强对这些得『道』之士进行一番描述，旨在让我们知晓体会得『道』之后的人会有怎样独特的风貌和品性，从而更加深刻地认识道的存在与玄妙。

在老子的描述下，我们可以看到那些得『道』的先贤们举手投足间，无不体现着道的特质。他们深谙『道』之严谨，所以凡事三思而行、诚惶诚恐、谨小慎微；他们深晓『道』的深远，所以心怀敬畏，不妄自独尊、藐视四邻；他们对『道』甚为崇敬，所以表情庄严肃穆；他们深知『道』的广博，所以行为随和变通；他们深悟『道』之不可欺，所以待人以诚；他们自惭于『道』之无穷，所以谦虚谨慎、虚怀若谷；他们形愧于『道』之完美与自然、尊崇自然的大智若愚之像，故而锋芒不露、混沌迟疑、不弃污浊。

『道』之所悟所得，无穷无尽，淬炼出得『道』之人良好的人格修养和心理素质，良好的静定功夫和内心活动。这种人格正符合老子的理想，更符合于『道』的变化规律。

曹操

曹操，即魏武帝，字孟德，东汉末年杰出政治家、军事家。魏朝建立后，被尊为『武皇帝』，庙号『太祖』。

楚庄王

楚庄王时，拟『宫门法』规定了大臣及诸公子入朝的行为规范。太子曾违反规定，受到惩罚，请庄王杀掉执法的廷理。庄王向太子解释了法令的重要性，不能因私徇法。

经典事例

曹操杀使

两汉时期，匈奴远踞北方，在汉朝强大国力的威慑下，不敢轻易进犯。但到了东汉末年，匈奴看到汉朝战乱不止，于是对中原地区虎视眈眈。匈奴国君知道贸然出兵绝非上策，于是派使者来到魏国探听虚实。

一天，魏王曹操得到报告：匈奴派使者来访，两日即可到达。曹操闻讯大吃一惊，心想：我正日夜谋划如何挥师南下，没想到外族竟意欲进犯中原，如今派使者来访，看似礼尚往来，实际上是投石问路。可是曹操自叹形象不够威猛，难以震慑匈奴，于是就让手下大将崔季圭代替他接见匈奴使臣。

两天以后，匈奴使者到来。崔季圭就假扮成曹操与使者会见。曹操则扮成侍卫站在崔季圭的身旁，借机看看匈奴使者的动向。匈奴使者进入大厅，看见当中正座者外表威猛强悍，以为是魏国国主，于是连忙上前朝拜。『国君』赐座之后，双方开始会谈。

会谈结束之后，曹操对崔季圭的言谈举止非常满意，但不知匈奴使者心中的看法，于是派人前去打听。被派去的人扮作布衣百姓的模样骑快马急追，追上匈奴使者之后，问道：『我想到嵌黎镇去，不知应该走哪条路？』匈奴使者回答道：『我是匈奴人，奉命作为使臣来访问魏国国君，对这里比较陌生，实难相告，请见谅。』『问路人』

一听，眼睛一亮：『这么说您见到了救百姓于水火的魏王？不知您对魏王有何看法？』匈奴使者若有所思地答道：『贵国国君虽然相貌堂堂，威猛强悍，但与他身旁的侍卫相比，相差甚远，他身旁的那个人才是真正的英雄。』『多谢！』『问路人』听罢拱手施礼，于是驰马而回。

匈奴使者此时恍然大悟：难道此人是曹操所派？『也好，我说曹操比不上他身旁之人，曹操必然会认为其侍卫威高盖主，定会将此人除掉，正好可以免除我南下中原一患。』匈奴使者想到这里颇为得意，于是继续北上。

曹操得到报告之后，大惊失色：匈奴这个野蛮之族，竟然有这样睿智的能人辅佐，不能小觑。于是立即派数百名骑兵将匈奴使者追上并将其杀死。

匈奴使者能看出假扮成侍卫的曹操的过人之处，可谓智者；但他轻易将自己的想法透露出去，以致于惨遭杀身之祸，可以说还没有达到『深不可识』的境界。

一鸣惊人

春秋时期，作为『五霸』之一的楚庄王，曾经为楚国建立过显赫的功业。可是在他登基之后最初的三年里，却毫无建树。他不理朝政，整日里寻欢作乐。而这时，晋国趁机把几个一向归附于楚国的国家又拉拢过去，并订立了盟约。楚国的大臣们很不服气，纷纷向楚庄王请求出兵争夺霸权。

可是楚庄王根本不听大臣的忠告。他白天狩猎，晚上饮酒，根本不把国家大事放在心上。他知道臣子们对他的所作所为很不满意，就下了一道命令：谁要是再敢劝谏，就定谁的死罪。就这样，楚庄王浑浑噩噩地过了三年。

有一个名叫伍举的大臣，对庄王的做法实在看不下去，决定去见楚庄王。楚庄王正在王宫中寻欢作乐，听说伍举要见他，就把他召到面前，问道：『你来干什么？』

伍举回答说：『有个人让我猜个谜，可是我猜不着。大王您是个聪明人，就请您猜一猜吧。』

楚庄王一听要他猜谜，觉得挺有意思，就笑着对伍举说：『那你就说出来听听。』

伍举说：『在楚国山上，停着一只大鸟，它身披五彩，样子十分神气。可是它一停三年，既不飞也不叫，请问这是什么鸟？』

楚庄王心里清楚伍举说的是谁，于是回答说：『这可不是一般的鸟。这只鸟，不飞则已，一飞势必冲天；不鸣则已，一鸣定要惊人。你回去吧，我已经明白了。』

伍举以为自己的话有了成效，于是高高兴兴地回去了。

可是这以后，楚庄王依然我行我素。过了一段时间，另一个大臣苏从看到楚庄王还是没有动静，于是又去劝谏楚庄王。

楚庄王很不高兴，问他：『难道你不知道我下的禁令吗？』

苏从说：『我知道您的禁令。只要大王能听一听我的意见，我就算触犯了禁令，被判了死罪，也心甘情愿。』

楚庄王听罢高兴地说：『你们都是真心实意为了国家好，我哪能不明白呢？』

从此以后，楚庄王开始大刀阔斧地改革政治。他把一批善于奉承拍马的人都撤了职，而把敢于进谏的伍举、苏从等贤臣提拔起来，与他一起商讨国家大事。原来，在他即位后的三年里，他并没有真的对国事置之不理，而是在暗中观察朝臣们的一举一动，看清了哪些是奸臣，哪些是忠良。他还加紧制造武器，操练军队。不久，就收服了南方的许多小国。第六年，他打败了宋国。到了第八年，他一直打到了周都洛邑附近，最后终于成为一代霸主。

真正有大智慧的人并不急于表现自己的才能，他们往往厚积薄发，先是在别人觉察不到的情况下暗自积蓄能量，一旦时机成熟，就会一鸣惊人，这才是得道者应有的素质。

第十六章

题解 这一章主要论述致虚守静的功夫，其中提到了『致虚』、『守静』、『归根』、『复命』等多个概念。老子开篇就提出了『致虚』、『守静』的观点，他认为『虚』、『静』是一种趋于极致的状态。老子认为，人的心灵就应该时刻保持这种没有成见、没有心机的自然状态，尽量实现内心的虚寂，并牢牢地保持着宁静。只有达到这种状态，才能够使人抵御名利欲望的诱惑和外部世界的纷扰而得到内心的空明宁静。只有真正地实现『致虚』『守静』，才能够『归根』、『复命』。

紧接着，老子就从万物归根复命出发，层层深入地探寻恒常之『道』。『夫物芸芸，各复归其根』，世间万物归于它们各自的根称为『静』，『静』就叫做『复命』，『复命』即可称为『常』，懂得了『常』才真正符合『道』。老子从落叶归根这样的的自然景象，领悟到了体『道』之道。本章的后一部分，老子着重探讨了为君之道。老子认为，只有懂得了『常』，才能够包容世间的万事万物；只有懂得了包容之道，才能够大公无私；只有大公无私，才能处事周全；只有处事周全，才能实现天人合一；天人合一，正是大『道』之精髓。老子的言外之意就是：作为君主，只有『知常』并一步步归于大『道』，他的统治才会长治久安。本章的论述正是老子民本政治思想的体现。

原文 **致虚极，守静笃①。**〇王夫之《老子衍》：《开元疏》云：致者令必自来，如《春秋》致师之致是已。最下击实，其次邀虚。最下取动，其次执静。两实之中，虚故自然：众动之极，静原自复；不邀不执，乃极乃笃。**万物并作，吾以观复，**○王弼《道德真经注》：动作生长。以虚静观其反复。凡有起于虚，动起于静，故万物虽并动作，卒复归于虚静，是物之极笃也。○王夫之《老子衍》：何以明其然也？万物并作。**夫物芸芸②，各复归其根③。归根曰静，静曰复命，复命曰常④，知常曰明⑤。**○司马光《道德真经论》：物出于无，复入于无。物静则从天命。谁能违天。动静不失其时。○王夫之《老子衍》：而芸芸者，势尽而反其所自来也。非我静之。不可复渝变。**不知常，妄作凶⑥。**○唐玄宗《御注道德真经》：不恒其德，或承之羞，失常妄作，穷凶必至矣。○司马光《道德真经论》：违理而动。○明太祖《御注道德真经》：若或不知常，不知序，妄为则凶矣。**知常容⑦，容乃公⑧，公乃全⑨，王乃天⑩，天乃道，道乃久，**○司马光《道德真经论》：虚静则无不包。无偏无党。为天下所归往。与天合德。天法道。无疆。○明太祖《御注道德真经》：所以知常者，容。知谓知常道也。容谓悦貌也。天下既悦，乃公。若能执此公道而行之，则君天下也。善能君天下者，道也。**没身不殆⑪。**○河上公《老子章句》：能公能王，通天合道，四者纯备，道德弘远，无殃无咎，乃与天地俱没，不危殆也。○宋徽宗《御解道德真经》：故没身不殆。殆近凶，几近吉，不殆则无妄作之凶，非知常者无与。

世间万物

草木茂盛，蓬勃生长，繁衍不息。世间万物皆有本原，最后终究要回归本原。

清净无为

老子认为，要想使自己复归于『道』，必须『虚静』，还原赤子之心，即回归本原。

注释

①致虚极，守静笃：尽量使心灵达到虚寂的极致，牢牢地坚守这种宁静。虚、静，都是老子认为的心灵应该保持的空明宁静的状态，即一种没有心机、成见，消除了利欲的引诱纷扰而得到的状态。②芸芸：纷繁茂盛的样子，多用于形容草木的繁茂。③各复归其根：根，根本，指事物本来具有的性质。复归其根，回归本原，即返回自然的本性。④复命：复归本性，此处指回到虚静的本性。常：指事物运动变化中不变的规律，也就是守常不变的法则。⑤明：事物的运动变化都依循着循环往复的规则，对这种规则的了解、认识，就叫做『明』。⑥不知常，妄作凶：对事物运动变化的恒常规律不了解，轻举妄动就会造成灾难祸害。⑦容：包容、宽容。

⑧公：公平。⑨全：周全、周遍。⑩天：自然的天，或代指自然。⑪没身不殆：没身，指死亡。殆，危险。

譯文 追求「虚」达到了极点，坚守「静」达到了至诚。万物都在蓬勃地生长，我从中观察到了它们复归的规律。世间万物纷繁成长，各自又复归于它们原来的根底。复归根底就叫做清静，清静就叫做复原本性，复原本性就叫做常理，通晓常理叫做明白。不了解常理，为所欲为必有凶险。通晓常理就会宽容，宽容才能大公无私，大公无私才能全面周到，全面周到才会合乎自然，合乎自然才能归于正道，归于正道才能保持长久，至死都不会有危险。

讀解心得 老子认为，人的心灵本是空明、清静、圆满的，但因为纷繁复杂的物欲的侵袭、骚扰，使世人的的心灵蒙尘，蔽塞不安。而要想使自己行为复归「道」，还原「赤子之心」，就需「致虚」、「守静」。「道」的本质即是虚静的，天地万物由「道」而生，故而回归本原便是回归到虚静的状态。

「致虚」必「守静」，因为「虚」是本体，而「静」则在于运用。「致虚」、「守静」并不是指与万物绝缘，而是一旦「入静」了，就表示对那些功名利禄视而不见、听而不闻「心远地自偏」了，从而在日益复杂的社会中护住一颗没有灰尘的澄明的本心。

老子的「虚静」思想有两层深意：一指人生修炼，通过排除心灵上的杂念，即内在的私欲和外界的干扰，达到人的本性的复归；一指人生态度，事物是循环往复地运动变化着的，需复归到人的本真无知和社会的原始状态中去。

根是草木所由生的部分，是一切事物起点。人『归根』之后，便可知晓自己的天性，明白自身能力的局限所在，就能抑制非份之想，戒除焦躁之念，就不会逞强循性，归于虚静。任继愈说：『老子主张要虚心，静观万物发展和变化，他认为万物的变化是循环往复的，变来变去，又回到它原来的出发点（归根），等于不变，所以叫做静。』但是『归根』并不是一成不变地活着，而是让生命迎合自然天性的发展。『命』即是『天命』，指万物运行变化的规律。万物回到自然规律，就能获得恒常。世间万物，各有其『常』，各循其常，共存共生。『知常』了，就不会争强好胜、怨天尤人，理解了所有世间变故的因缘，就可以在内心里对一切抱以宽容、接纳之心。没有了固执和偏见，对事物的认识与了解自然会更加公正和全面，会没有任何偏私，因应永存的道法，依永存和宏大的道法行事，一生中都不会有危险和祸害。知此道理，就会知天命而行无为之为，凡事依大道而行，自然会逢凶化吉，遇难呈祥。

嫩芽新出，枝繁叶茂而成参天大树，最终还是落叶归根，重归于泥土，然后再破土而生，开始新的轮回。事物就是这样循环往复地运动变化着，这一切都是由『道』决定的。老子的『复归』『虚静』给我们描述了一个清净自然的状态，也为我们指出了一条悟道之路。

經典事例

皮毛相依

有一年，魏国东阳这个地方向国家上交的钱粮布帛数量比往年多出十倍。为此，朝中大臣们高兴得不得了，纷纷向魏文侯表示祝贺。

魏文侯却并不乐观。他想：东阳这个地方的土地没有增多、人口也跟原来一样，怎么会一下子比往年多交出十倍的钱粮布帛呢？即便丰收了，地方向国家上交的数量也是有比例的，这次交这么多，里面一定有文章。他认为这肯定是各级官员向下层百姓加重征收得来的。这使他想起了自己曾经遇到的一件事。

一年以前，魏文侯曾外出巡游。一天，他在路上看见一个农民将羊皮衣反穿在身上，毛向里皮朝外，那个人还背着一篓喂牲口的草料。

魏文侯觉得很奇怪，就上前问那个人：『你为什么要把羊皮衣反穿，把皮板露在外面呢？』

那个人回答道：『我非常爱惜这件皮衣，我怕把羊毛露在外面磨坏了。』

魏文侯听罢，非常认真地对那个人说：『可是你知道吗？其实这皮板更重要，如果皮板被磨破了，羊毛就没有可以依附的地方了。』

可是那人仍然执迷不悟，背着草走了。

魏文侯想到：如今，官员们大肆向老百姓征收钱粮布帛，而不顾百姓的死活，这和那个反穿皮衣的人的所为不是一样的吗？

于是，魏文侯立即将大臣们召集起来，向他们讲述了那个反穿皮衣的故事，并语重心长地对他们说：『皮之不存，毛将焉附？如果老百姓得不到安宁，那么国君的地位也很难巩固。希望你们能够记住这个道理，不要因为一点小利而蒙蔽了眼光。』

大臣们由此深受启发，再不敢肆意妄为了。

可见，广大人民是国家存在的根本，统治者只有看到这一点，才能『没身不殆』。而老子由『常』到『久』的认识过程，正是统治者应该奉行的为政之道。

第十七章

题解 老子在本章毫无掩饰地提出了为政之道，即他反复论述的『无为』思想。老子十分崇尚『无为』之治，他所推崇的君主、圣人，就应该『处无为之事，行不言之教』，天下万民会在潜移默化中得到大治。

老子一改前面章节的论述方式，明细化地将统治者分为四个层次：第一流的统治者使人民不知道他的存在；次一点统治者的会得到百姓的亲近和赞誉；比这再次一等的，百姓会敬畏他；最差的统治者，百姓会咒骂他。

在老子眼中，统治者只有行『无为而治』才能使百姓感到自由满足，心中不存在权力的威胁，也就是说，统治者的威慑力完全被化解掉，百姓都生活在平等自由的氛围之中，这才是真正的天下大治。

虽然这种『无为而治』的理想社会只是老子的主观想象，但其中对于君主专制的贬低，对人民自主发展的肯定，对于当时的社会来说，还是有一定进步意义的。

原文 **太上①，下知有之②；**〇河上公《老子章句》：太上，谓太古无名之君。下知有之者，下知上有君，而不臣事，质朴也。〇王弼《道德真经注》：大上，谓大人也。大人在上，故曰大上。大人在上，居无为之事，行不言之教，万物作焉而不为始，故下知有之而已，言从上也。**其次亲而誉之③；**〇王弼《道德真经注》：不能以无为居事，不言为教，立善行施，使下得亲而誉之也。〇司马光《道德真经论》：有迹。**其次**

畏之，其次侮之。○河上公《老子章句》：设刑法以治之。禁多令烦，不可归诚，故欺侮之。○司马光《道德真经论》：强以威服。威德皆亡。**信不足焉，有不信焉④。**○唐玄宗《御注道德真经》：畏之侮之者，皆由君信不足，故令下有不信之人。○明太祖《御注道德真经》：此事古今明验，尚有不信者，故云信不足焉，有不信焉，即此是也。○王夫之《老子衍》：于己不自信，乃不信天下之固然。且不知惩而尚言，是以召侮。**悠兮其贵言⑤。功成事遂，百姓皆谓我自然⑥。**○河上公《老子章句》：说太上之君，举事犹，贵重于言，恐离道失自然也。谓天下太平也。百姓不知君上之德淳厚，反以为己自当然也。○陈致虚《道德经转语偈》：上士勤行中士亲，只唯下士笑频频。曾知老子怀胎久，始浴金盆发似银。

注釋 ①太上：至上、最好、第一流的。这里指最好的政治者。②下知有之：人民意识不到有统治者的存在。③其次亲而誉之：比这次一等的，人民亲近他并且赞扬他。④信不足焉，有不信焉：统治者诚信不足，老百姓会不信任他。⑤悠兮：悠闲自得的样子。贵言：以言为贵，此处指不轻易发号施令。⑥自然：然，…的样子。自然，自己本来就是如此。

譯文 一流的统治者，人民根本意识不到他的存在；次一点的统治者，人民会亲近并且赞美他；再次一点的统治者，人民都会畏惧他；最差的统治者，人民都蔑视他。统治者的诚信不足，人民就不会相信他。一流的统治者是多么悠闲自得啊！他很少发布命令，事情成功了，老百姓会说：『我们本来就是这个样子的。』

讀解心得 老子认为最理想的政治，莫过于统治者『贵言』，从不轻易发号施令，人民和政治相安无事，甚至于人民根本不知道统治者是谁。这即是老子著名的『无为而治』。上古尧帝之时，『天下太和，百姓无事，有五老人击壤于道，观者叹曰：大哉尧之德也！老人曰：「日出而作，日入而息。凿井而饮，耕田而食。帝力于我何有哉？」』这说明在唐尧的统治下，全国太平和谐，人民安居乐业，人民虽然知道上面有君主，却几乎不知道政权有何用处。这种场景，完全是对老子的『百姓皆曰我自然』的最好图解，这种行为方式最接近于老子的『道』。

百姓『亲而誉之』的统治者，在老子看来则逊色于『太上』。如夏禹，人民传扬他为治国家的水患，十多年中，三过家门而不入。老子认为：『天下皆知美之为美，斯恶矣；皆知善之为善，斯不善矣。』人们对美好事物的仿效与追捧会破坏自然的平衡，从而引发不美不善的事物出现。故而『其次亲之誉之』。

再次，是『畏之』。秦始皇用武力统一六国，『朕为始皇帝，后世以计数，二世三世至于万世，传之无穷。』然而秦朝仅存十五年即覆灭，为什么？秦始皇焚书坑儒，严刑峻法，『以法为教，以吏为师』；施行郡县制，高度中央集权，『收天下之兵，聚之咸阳，销以为钟鐻，金人十二，重各千石，置廷宫中……徙天下豪富于咸阳十二万户』；并且横征暴敛，修建万里长城和阿房宫，举国大半劳力都在服徭役做苦力，『天下苦秦久矣』。故而其后，暴秦被推翻。刘邦入咸阳，废除秦朝苛峻繁琐的律令，即得民心。其后推行清静无为政治，百姓休养生息，经济很快复苏。

最末一种，是『侮之』。当百姓忍受不了上位者变本加厉的干涉和操纵时，百姓就会唾骂他，就会奋起反抗了。

想要成为『太上』，取信于天下，就需顺从自然，在不知不觉中使万物按照各自的运行轨迹完成生命过程，这就是『道』。

經典事例

钓夫不为太师

《庄子》中的《田子方》有

大营宫室 秦始皇统一六国后，征集徭役，广修宫殿。

这样一则故事：

周文王在臧地视察，见一个钓夫在湖边钓鱼。从表面上看，他像是在那里钓鱼，可是却又显得漫不经心，似乎能否钓到鱼与他没有任何关系。

周文王觉得这是一位高人，于是想请他来治理臧地，但又怕大臣和百姓们心里不服；要放弃这个念头，又怕失去一位贤人。思来想去，他终于想出了一个好主意。

第二天早上，文王向诸位大夫说：『昨天晚上我梦见了一个贤德之人，他面色黝黑，长着络腮胡子，骑着一匹杂色的马，那匹马有一只红色的蹄子。他来到我面前说：「把臧地交给那位钓夫治理，这里的百姓就有救了！」』

众位大夫听后齐声说：『陛下梦见的那个人就是您的先父呀！』

文王说：『不管怎样，我们还是占卜一下吧。看看我做的这个梦到底是什么征兆。』

大夫们都说：『既然是先王的命令，我们照办就是了！』

于是周文王就派人把那位钓夫请来，把臧地的政事委托给了他。

谁知那个钓夫根本就不理国政，原先的法律没有任何变动，行政命令也没有下达过一个。

就这样，过了三年，周文王又来巡视。他发现原先设置的谏议馆所全都废弃了，原先成群结队的谏议官员都被遣散了，地方官长也不讲究政绩和功德，掌管度量的官员也不校正量器和斛斗。

原来，谏议馆所废弃、谏议官员解散，那是因为人们没有任何意见可提了；做官长的不再讲究政绩和功德，那是因为大家都务实了；管度量的官员不去校正量器和斛斗，那是因为大家都对度量衡坚信不疑了。

文王巡视后十分高兴，于是将钓夫封为太师，请他坐到正位。文王恭恭敬敬地请教说：『这种治理国家的方法能推广到天下吗？』

可是那位钓夫却含含糊糊地不直接回答，不给予明确的应承。文王早上才委以他重任，可钓夫晚上就逃跑了，后来再也没有露面。

文王问钓夫是否能把他治理臧地的政策推广到全天下，钓夫没有回答。他并不是有意不回答，而是根本就没有办法回答。这是因为钓夫根本就没有实行治理国家的政策。臧地的局势之所以如此安宁有序，并不是因为这个钓夫有什么好的治国策略，而恰恰是因为他不加以人治。

在老庄看来，国家本来就是一个和谐融洽的自然形式。它之所以出现种种问题，并不是由于没有人去治理，而恰恰相反，正是由于人们用自己设计的方法去治理它，才导致了诸多社会问题的出现。只要放弃人为的治理，天下自然会自理。所谓的使臧地呈现太平景象的治理政策，就是无策之策、不治之治。钓夫治理臧地，就是因为消除了人为治理的损害，百姓以『自然』之道生存、发展，才使臧地恢复太平。正因为如此，也就谈不上向天下推广这一政策的问题了。

仪封仰圣

孔子极其推崇仁义道德，他的儒家学说，其中之一便是讲仁义。

第十八章

题解 从古至今，仁义、智慧、孝慈、忠臣都是为人们所推崇的。孔子的最高理想就是『仁义』，『仁』已经成为了儒家文化中的核心思想和价值取向。然而老子却破天荒地指出，人世间的大『道』被人为地废弃了，人们才会制定『仁义』，制定了礼仪之后，就以此来规范人们的行为、区别贵贱，结果原本没有的虚伪奸诈也随之而来。

这一章充分地阐述了老子的辩证思想：大道盛行之时，像仁义这些东西自然存在于人们的行为当中，人们不缺乏仁义，所以感觉不到它的存在，也就没有了倡导的必要。只有当社会秩序大乱、大『道』缺失、仁义泯灭的时候，人们才会由于缺乏这些东西而大加倡导。

老子创造性地给『仁义』找到了根源。他并不是排斥仁义，而是看到了人类社会自身的局限，他撕开了人世间仁义的面具，正是希望向大『道』之下真正的仁义复归。

原文 **大道废，有仁义**①**；**○河上公《老子章句》：大道之时，家有孝子，户有忠信，仁义不见也。大道废不用，恶逆生，乃有仁义可传道。○王弼《道德真经注》：失无为之事，更以施慧立善道，进物也。**智慧出，有大伪；**○河上公《老子章句》：智慧之君贱德而贵言，贱质而贵文，下则应之以为大伪奸诈。○王弼《道德真经注》：行术用明，以察奸伪；趣睹形见，物知避之。故智慧出则大伪生也。**六亲不和**②**，有孝慈；国家昏乱，有忠臣。**○司马光《道德真经论》：六亲，父子兄弟夫妇也。若六亲自和，国家自治，则孝慈忠臣不知其所在矣。鱼不能相忘于江湖，则濡沫之德生焉。○陈致虚《道德经转语偈》：六亲不和慈孝生，颠倒乾坤正令行。今日凤凰台上客，十年牕下读书声。

注释 ①大道废，有仁义：道，此处指自然准则。社会的公德、公正等被废弃，才会有所谓的『仁义』产生。②六亲：指父、子、兄、弟、夫、妻，这里指家人之间的关系。

译文 当大『道』被人为地废弃了，才出现了所谓的仁义；当智慧出现时，虚伪也就随之而来了；六亲不和的时候，父不慈、子不孝、兄弟不友爱，这时孝悌规范就会显现出来；国家混乱之际，才会有所谓的忠臣出现。

讀解心得

仁义、智慧、孝慈、忠臣，在一般人看来，都是非常好的名称和行为，可老子却认为这些都是相对的概念。若然大道盛行，万物依循于『道』，无欲，自然，是不可能产生这些概念的。

有不仁义才有仁义，仁义都是在大道废弃、纯朴破灭之后才产生的。强调存在仁义同时也就在强调存在不仁义。只有在没有仁义之时，不仁义才会真正消失。

大伪是在智慧后才出现。人有了智慧，用得好就是大智大慧，用得不好，则反得其效，就成了老奸巨猾。动荡的春秋时期，慧智之士蜂起，但假仁假义、诡诈谋乱、逞雄争胜等失道丧德之辈也并起，产生不少危害。

六亲不和以后才产生孝慈之分。如古时之先圣舜，他的父亲心术不正，继母两面三刀，弟弟桀骜不驯，几个人串通一气，欲置舜于死地而后快。在这种家庭中，舜却坚守孝道，因此才被称之为第一孝子。

忠臣义士往往在混乱之世中才有所作为，进而被大家所知晓、敬仰。历史上的忠臣们，如岳飞、文天祥、史可法等人，对国家民族忠心耿耿，肝脑涂地，粉身碎骨浑不怕，留下世人传诵的忠臣事迹。然而，这些可歌可泣的事迹，却无不发生于历史混乱、生灵涂炭的悲惨时代。若国家风调雨顺，永处太平盛世，百姓自重自爱，没有杀盗淫掠之事，岂不是个个是忠臣、人人是好人了吗？

老子这段话运用辩证法，反其道而行，让我们可以用新的视角来剖析身边习以为常的事物，让我们得出颠覆性的判断，让我们触及到了更接近于客观真实的世界，发人深省。

經典事例

曾子杀猪

曾子是孔子的学生，他十六岁就拜孔子为师，得到了孔子的真传。曾子无论是治国思想还是治家原则，都秉承了儒家所奉行的伦理观。曾子杀猪教子的故事就可以反映这一点。

一天早晨，曾子的妻子早早起床，梳洗完毕，换上一身新衣服，准备到集市上买一些东西。她刚出家门没走多远，儿子就又哭又喊地追了上来，吵着闹着非要跟着去不可。孩子太小，集市离家又很远，带着他出门很不方便，于是曾子的妻子就对儿子说：『你回家等着，我买完东西马上就回来。你不是最爱吃酱汁烧的猪蹄、猪肠熬的汤吗？我回来以后就杀猪给你做。』这话果然奏效，她的儿子一听，立刻安静下来，乖乖地回到了家里。

曾子的妻子买完东西从集市回来时，还没等跨进院门就听见院子里有捉猪的声音。她走进门去一看，原来曾子正准备杀猪给儿子做菜。她连忙上前拦住丈夫，说道：『咱们家只养了这几头猪，只有逢年过节才杀了吃。你怎么能拿我哄小孩的话当真呢？』

曾子停下来对妻子说：『在孩子面前是不能说谎的。小孩子年幼无知，他们经常从父母那里听取教诲，学习知识。如果我们现在对他说谎话，就等于是在教他以后去欺骗别人。虽然你一时能哄得住孩子，但是过后他知道自己受了骗，就不会再相信母亲的话。这样一来，你今后就很难教育好自己的儿子了。』

妻子听了之后，觉得丈夫说的话很有道理，于是便心悦诚服地帮助丈夫杀猪去毛、剔骨切肉。不大一会儿，夫妻二人就为儿子做好了一顿美味的晚餐。

曾子的所言所行告诉人们，为了做好一件事，哪怕是对孩子，也应当言而有信，诚实无欺，身教重于言教。如果做父母的用那种看似聪明的手段哄骗孩子，那么反过来就会使孩子原本纯洁的内心沾染上欺诈的恶习，所谓『智慧出，有大伪』，说的正是这样一个道理。

第十九章

题解 在本章中，老子对上一章所提到的社会弊病进行了深入细致的阐述，并提出了解决问题的方法。

『圣』和『智』是人们所赞颂的才干，『巧』和『利』是人们所追求的聪明。这几样东西是天下人都想得到的，但正因为如此，才导致了社会上的纷争和混乱。老子因此主张『绝圣弃智』。在他看来，人的本性应该是纯真质朴、淡泊宁静的，而社会文化在丰富人类智慧的同时，也使人类的天性被腐蚀掉了，于是产生了诸如争名逐利、偷盗欺诈的恶习。老子认为，如果抛弃这些文明社会当中的糟粕，使人民重返最初那种无知无欲的自然状态，那么孝慈、善良等品德就会在淳朴的人性中得到复苏。

原文 **绝圣弃智①，民利百倍；**〇河上公《老子章句》：绝圣制作，反初守元。五帝垂象，仓颉作书，不如三皇结绳无文。弃智慧，反无为。农事修，公无私。〇王弼《道德真经注》：圣智，才之善也。**绝仁弃义，民复孝慈②；**〇司马光《道德真经论》：孝慈，仁义之本也。〇宋徽宗《御解道德真经》：孝慈，天性也。蹩躠为仁，踶跂为义，而以仁义易其性矣。绝仁弃义，则民将反其性而复其初，不独亲其亲，不独子其子，其于孝慈也何有？**绝巧弃利，盗贼无有。**〇河上公《老子章句》：绝巧者，诈伪乱真也。弃利者，塞贪路闭权门也。上化公正，下无邪私。〇王弼《道德真经注》：巧利，用之善也。**此三者以为文不足③，故令有所属④：**〇王弼《道德真经注》：而直云绝，文甚不足，不令之有所属，无以见其指，故曰，此三者以为文而未足，故令人有所属。〇王夫之《老子衍》：吕吉甫曰：文而非质，不足而非全。『绵绵若存』，其有所属乎！故鱼游而水乘之，鸟飞而空凭之。**见素抱朴**⑤，**少私寡欲**⑥。〇王弼《道德真经注》：属之于素朴寡欲。〇王夫之《老子衍》：舍天下之文者，莫大乎素，资天下之不足者，莫大于朴。

注释 ①绝圣弃智：绝，断绝。圣、智，都是聪明的意思。抛弃聪明、智巧。②复：恢复。③三者：指『圣智』、『仁义』、『巧利』这三种东西。文，文饰、巧饰。④故令有所属：所以要使人的认识有所归属。⑤见素抱朴：外表单纯，内心质朴。见，同『现』，显现、显示。素，白色没有杂色的丝，引申为单纯。抱，抱持。朴，未经雕琢的木材，引申为质朴。⑥少私寡欲：少私心、少欲望。

譯文 抛弃聪明和智巧，人民就会百倍得利；抛弃仁和义，人民都会回复孝慈；抛弃巧诈和利益，盗贼就会消失。智、义、利这三样东西都是用来文饰的，因此不足以治天下，所以要使人懂得最根本的归属：保持朴实，减少私欲。

讀解心得 『绝圣弃智，民利百倍』，翻译过来，即是抛弃聪明和智巧，人民就会百倍得利。因着这一句话，两千多年来老子背上了愚民思想的骂名。类似这种被罩上愚民学说的帽子的，还有孔子。《论语·泰伯第八》中有一句：『子曰：民可使由之，不可使知之。』一举被封建的统治者们大加利用，因为只有愚蠢的百姓才能被政府所摆弄。儒家学说也被按照当政者的意愿，越来越曲解化。

其实，孔子的这句话，向来有第二种断句方式：『子曰：民可，使由之；不可，使知之。』如此一断句，意义天差地别。于是，这样的孔子理论，常常被政权初兴之时，勃发生命力的统治者所发挥。

当然，儒家文化是中国二千多年封建文化的根基，无论怎样解读，都移不开政治的因素，然而，孔子是一位教育家，门徒三千，倡导『有教无类』。我们有理由相信，愚民并不是他老人家的本意。

与孔子相同，老子的这句『绝圣弃智，民利百倍』，本意也绝非愚民如此简单。其

商鞅

秦孝公采用商鞅的新法，国家因而富足强大。孝公死后，商鞅被贵族诬害，车裂而死。

晏婴

晏婴，字仲，谥平。春秋后期重要的政治家、思想家、外交家。他博闻强识，善于辞令，爱国忧民，敢于直谏，在诸侯和百姓中享有极高声誉。晏婴主张以礼治国，曾力谏齐景公轻赋省刑。

实，此句与老子一生倡导的『无为』如出一辙。『绝圣』，不过是不要以此招摇，『弃智』不过是不要过于炫耀。如果一个人生而有『圣』有『智』，而过分地去夸大它，还不如没有的好。凡事，过犹如不及。

經典事例

徙木立信

在战国初期，『七雄』当中，秦国由于地处西部一隅，比较闭塞，因而在政治、经济、文化等方面都比中原各国落后。邻近的魏国实力就比秦国强盛，还从秦国手中夺去了河西的一大片土地。

公元前361年，秦孝公继承王位。他下定决心要发奋图强，首先就要搜罗人才。他下了一道诏令：『不论是秦国人还是外来的客人，谁要是能让秦国富强起来的，就封他做高官，让他与我共享江山。』

秦孝公的号召，果然吸引了不少有真才实学的人。卫国有一个贵族叫公孙鞅（就是后来的商鞅），他在卫国没有得到重用，就来到秦国，得到了秦孝公的接见。

商鞅向秦孝公提出了建议：『一个国家要想富强，必须要重视农业，奖励将士；要想把国家治好，必须要赏罚分明。只有赏罚分明，朝廷才能有威信，改革也就容易进行了。』

秦孝公十分赞成商鞅的主张。可是秦国的王公贵族和大臣们却竭力反对。秦孝公看到反对改革的人这么多，而自己又刚刚即位，怕引起内乱，就把改革的事暂时放在一边。

过了两年，秦孝公感到自己君位坐稳了，就任命商鞅为左庶长，下令：『从今以后，改革制度的事全由左庶长掌管。』

商鞅早就起草了一个改革的法令，但是他怕老百姓对他不信任，不按照新法去执行。于是就叫人在都城的南门竖起了一根三丈多高的木头，并贴出告示：谁要是能把这根木头扛到北门，就赏金十两。

不一会儿，南门口就围了一大群人，大家纷纷议论。有的说：『这根木头谁都扛得动，哪儿用得着这么多赏金？』有的说：『左庶长大概是成心拿大伙儿开玩笑吧。』大家你看我，我看你，没有一个人主动上去扛木头。

商鞅知道老百姓可能还不相信他的命令，就把赏金提高到了五十两。这时人群中跑出一个人来，说：『我来试一试。』说着，他把木头扛起来就走，一直扛到了北门。

商鞅立刻派人把五十两黄澄澄的金子赏给了那个扛木头的人，一分也不少。这件事传出去之后，一下子轰动了整个秦国。老百姓都称赞商鞅讲信义。

商鞅见这个办法已经起了作用，就把他所起草的新法令向全国公布。新法令赏罚分明，规定爵位的高低和官职的大小都要以打仗立功为标准。贵族没有战功的也就没有爵位；多生产布帛和粮食的，可以免除官差；凡是因为经商和懒惰而贫穷的，他的妻子儿女都要罚做官府的奴婢。

由于商鞅的新法十分符合广大人民的利益，又由于他的『徒木立信』之举使百姓对新法深信不疑，因此，新法一公布，就在全国顺利地得到了执行，秦国国力也随之逐步增强，这为后来统一六国打下了坚实的基础。

商鞅的成功之处就在于他对百姓以诚相待，而不是施展阴谋诡计。在『大道』已废的年代，他能够在一定程度上『绝圣弃智』，以此来换取百姓的信任，实现『民利百倍』，这确实反映出了一个远见卓识的政治家的高超智慧。

晏子使楚

春秋时期，齐国的晏婴是一位非常有才能的相国，人们都尊称他为晏子。

一次，晏子奉命出使楚国。楚王想要戏弄晏子，借以向齐国示威。他知道晏子长得十分矮小，于是就命人在城门旁边另开一扇小门。当晏子来到城门之后，楚国的侍卫便让他从这扇小门进去，并说这扇小门足以让晏子通过，不必打开大门了。晏子看到这种情况，立刻正言厉色道：『这是狗进出的洞，不是人走的门；只有出使狗国，才会从这狗洞里爬进爬出。我如今是奉命出使楚国的，难道也要从这狗洞里爬进去吗？』侍卫们听罢，理屈词穷，没办法，只好让晏子从正中的大门昂首阔步地走进了城。

晏子见到楚王之后，楚王又用嘲讽的语气说：『齐国是不是没有多少人啊？』

晏子听到这话，立刻予以纠正：『我们齐国人多得很，仅都城临淄就有人口百万，街上的行人摩肩接踵，每个人一挥衣袖就可以遮住太阳，洒一把汗就足以下一场雨，大王怎么能说齐国无人呢？』

楚王听了之后，便用挑衅的口吻问道：『既然齐国人那么多，为什么派你这样矮小的人做使臣呢？』

晏子对楚王的无礼之举早就有了思想准备，他冷笑了一下回答道：『我们齐国有这样一条规定：派遣使臣要视出使国的情况而定，出使上等的国家就派上等人去，出使下等国家就派丑陋无能的人去。我在齐国是最不中用的人，所以就派我作为出使楚国的使臣。』晏子的这一席话使得楚王无言以对。

然后，楚王设宴款待晏子。正当两人喝得高兴的时候，两个差官押着一个被缚的犯人从堂下走过，楚王叫住了差官，假作不知地问道：『这个人犯了什么罪？』差官赶忙回答：『他是齐国人，在我们楚国犯了偷盗罪。』楚王于是转过头来看着晏子，对他说：『难道你们齐国人都喜欢偷盗吗？』

晏子早就看穿了楚王的把戏，于是从容不迫地对楚王说：『我听人说过：橘树长在淮河以南就结橘子，甘甜无比；如果将它移栽到淮河以北，就会结出又酸又苦的枳。它们两者只是叶子长得比较相似而已，而所结的果实味道却大不相同。之所以会产生这种情况，实在是水土不同的缘故。这个人在齐国生活时能够安居乐业，而到了楚国之后却学会了偷盗，这不是说明楚国的水土会让人变成盗贼吗？』这一番话使得楚王极为尴尬，无奈之中，只好赔笑收场。

从晏子与楚王的唇枪舌剑之中我们可以看到，一件事物是会产生反作用的。楚王屡次攻击晏子，但每次都被驳回，最终使得自己颜面扫地。同样的道理，统治者所施行的政策，也会有它的反作用，只有排除一切私欲杂念来对待天下，才能让天下人以同样的挚诚对待统治者。

第二十章

题解 本章文字在风格上与其它章节有所不同，老子以诗的语言对自己甘守无为之道的心境做了自我表白。在老子看来，贵与贱、善与恶、是与非、美与丑之间的种种差别都是人们按照世俗的眼光强行制定的，其实并不符合大『道』。而人们以自己的主观态度为标准来看待世间的万物，必然会导致整个社会价值判断的混乱。善与恶、美与丑等概念都不是绝对的，而是相对形成的，这种价值判断因人、因时、因地而变，故显得混乱不堪，任意妄行，老子于是发出『唯之与阿，相去几何？善之与恶，相去若何？』的质问，这也是他对于人类价值观的一种理性思考。

在当时社会，世俗之人往往因追求财富、名誉、权力、地位等所谓的『善』与『美』

陶渊明

东晋佛教风行，崇尚名士风度，因此才造就陶渊明这样超越世俗的田园诗人。当我们再次念到『采菊东篱下，悠然见南山』这样的诗句时，便感到了一种来自灵魂深处的自由与舒展。

而背离正道，老子看到世人都纵情于声色犬马、功名利禄，便以自身的修为与世人进行对比。他正话反说，认为被世俗所制约的众人都是充满欢乐、拥有财富并且智慧超群的，只有自己混混沌沌，愚昧不化。众人喧闹时，他总是独自思考，凭纯朴自然本性，从『道』中汲取养分，体察人生，以求精神上的升华。

章末一句『我独异于人，而贵食母』正说明了得『道』者与世俗之人在价值取向上的差别，由此就可以看出老子高尚的精神境界和独立的人格。

原文 **绝学无忧，唯之与阿①，相去几何②？善之与恶，相去若何？**〇王夫之《老子衍》：善恶相倾，繇学而起，故效仁者失智，效智者失仁。既争歧之，又强合之，方且以为免于忧，而孰知一彼一此者之相去不远也？则揖让亦唯，而征伐亦阿也。**人之所畏，不可不畏。**〇河上公《老子章句》：人谓道人也。人所畏者，畏不绝学之君也。不可不畏，近令色，杀仁贤。〇王弼《道德真经注》：故人之所畏，吾亦异焉，未敢恃之以为用也。**荒兮其未央哉③！**〇河上公《老子章句》：言世俗人荒乱，欲进学为文，未央止也。〇王弼《道德真经注》：叹与俗相返之远也。〇司马光《道德真经论》：恭与善皆细行，聊以避害耳，未足以为大道也。大道广远，不可量。**众人熙熙④，如享太牢⑤，如春登台⑥。**〇王弼《道德真经注》：众人迷于美进，惑于荣利，欲进心竞，故熙熙如享太牢，如春登台也。〇王夫之《老子衍》：愦各封之，取快一区；故饫于大牢，不飨他味；厌于春游，不愿他观。**我独泊兮其**

未兆⑦；沌沌兮，如婴儿之未孩⑧；儽儽兮⑨，若无所归。○河上公《老子章句》：我独泊然安静，未有情欲之形兆也。如小儿未能答偶人时也。○王弼《道德真经注》：言我廓然，无形之可名，无兆之可举，如婴儿之未能孩也。○河上公《老子章句》：我儽儽如穷鄙，无所归就。○王弼《道德真经注》：若无所宅。**众人皆有余，而我独若遗⑩。**○司马光《道德真经论》：务于多得。不有于物。○明太祖《御注道德真经》：言众人皆有余，我独若遗，言众皆乐，（我）独不遇，其中似乎有失于欢，若无物之状，非也，乃守道也。**我愚人之心也哉⑪！**○唐玄宗《御注道德真经》：我岂愚人之心，遗忘若此也哉？但我心纯纯，故若遗尔。○明太祖《御注道德真经》：所以云：我岂愚人之心也哉？沌沌乎，昏浊之状，以其忘机也。**俗人昭昭⑫，我独昏昏⑬。俗人察察⑭，我独闷闷⑮。**○河上公《老子章句》：明且达也。如闇昧也。察察，急且疾也。闷闷，无所割截。○王弼《道德真经注》：耀其光也。分别别析也。**澹兮其若海⑯，飂兮若无止⑰。**○王弼《道德真经注》：情不可睹。无所系絷。○唐玄宗《御注道德真经》：容貌忽然若昏晦，而心寂兮绝于俗学，似无所止着。**众人皆有以⑱，而我独顽且鄙⑲。**○河上公《老子章句》：以，有为也。我独无为。鄙，似若不逮也。○王弼《道德真经注》：以，用也。皆欲有所施用也。无所欲为，闷闷昏昏，若无所识，故曰，顽且鄙也。**我独异于人，而贵食母⑳。**○王夫之《老子衍》：口目之用一，而所善者万；心一，而口目之用万；安能役役以奔其趣舍哉，其唯食于母乎！食于母者，不得已而有食，而未尝有所不得已也。故荒未央者可尽，而顽鄙可居。虽然，其所食者虚也，因也。苏子繇曰：譬如婴儿，无所杂食，食于母而已。

注释 ①唯之与阿：唯，恭敬答应的声音，是晚辈对长辈的回应。阿，怠慢地答应的声音，是长辈对晚辈的回应。②相去几何：去，离开，指距离。几何，多少。相差到底有多少。③荒兮：指时间经历得长久。央：结束、完结。④熙熙：形容兴高采烈的样子。⑤如享太牢：太牢，指供祭祀用的牛、羊、豕。如享太牢，意即好像参加丰盛的筵席。⑥如春登台：好像春天登高远望一样。⑦我独泊兮其未兆：泊，淡泊、恬静。兆，征兆、迹象。未兆，指没有迹象，此处引申为不炫耀、无动于衷。⑧沌沌：混混沌沌的样子，这里指纯真朴实到极点。如婴儿之未孩：孩同『咳』，咳的本义是指小孩的笑。此句意思是像婴儿还不会笑时那样混混沌沌。⑨儽儽：形容疲倦闲散的样子。⑩遗：不足、不够。⑪愚人：老子所谓的愚人，是一种与世俗之人不同的至高之人，他淳朴、自然，看似淳朴木讷，实则洞悉世事、通达人情，对人生的理解远远高于一般人，故这种『愚』是大智若愚的『愚』，是大辩若讷的愚，是真正的智者返朴归真的愚。因此，所谓『愚人』也是老子理想中的人。⑫昭昭：清楚、精明的样子。⑬昏昏：暗昧、糊涂的样子。⑭察察：严厉苛刻的样子。⑮闷闷：淳朴的样子。⑯澹兮其若海：澹，辽远的意思。形容那种淳朴、自然的『愚人』，其思想境界像大海那样辽阔深远，非一般世俗之人所能理解和模仿。⑰飂兮若无止：飂，疾风。形容老子理想之人——愚人像迅疾的风那样无所拘束、自由奔放，好像没有止境。⑱众人皆有以：以，用。众人都好像有作为、有本领。⑲顽且鄙：形容愚笨、鄙陋。⑳我独异于人，而贵食母：母，指『道』，食母就是食于母、养于『道』，即用『道』来滋养自己。此句意即我偏偏与众不同，重视用『道』来滋养自己。

譯文 断绝有为的学问就不会有烦虑，应诺与呵斥，相距多远？美好与丑恶，又相差多少？人们所害怕的，不能不畏惧。自远古以来就是这样啊，好像不会终止的样子。众人都是熙熙攘攘、兴高采烈的样子，好像去参加盛大的筵席，好像春天里登上高台远望美景。我却独自淡泊闲适，无动于衷；混混沌沌的样子，就像婴儿还不会嘻笑；疲倦懒散啊，好像还没有归宿。众人都有剩余的东西，唯独我好像什么也不足。我真是只有一颗愚笨之人的心啊！众人精明机智，只有我迷迷糊糊；众人都那么苛刻严厉，只有我这样宽宏质朴。广阔无边啊，像大海一样汹涌；自有奔放啊，像四处漂泊无处停留。众人都精明灵巧，而我却愚昧笨拙。我与众人的不同之处，关键在于懂得了『道』。

讀解心得 此章言辞虽多，但老子想要表达的思想，用四个字即可概括：自甘淡泊。自甘淡泊，是一种境界。它可以左右你在物欲横流的世界里，多一丝淡定，多一分平和。总是有人来以此标榜自己，但常常是标榜的人多，做到的人少。其中，真正能得其中三昧的，国学泰斗钱锺书算是一位。

二十多年前，美国普林斯顿大学邀请钱锺书为其校研究生讲课，整个期间学校负责来回交通餐饮的费用，除此之外，仅需半月讲四十分钟，半年即支付酬劳十六万美元。钱锺书直言拒绝说：『贵校研究生的论文我已经看了，我去讲课，他们听得懂吗？』

钱锺书无视于身外之物，自甘淡泊之举并不只此一桩。某年，国内一大学欲纪念钱锺书父亲、著名国学家、教育家钱基博先生百年诞辰，召开研讨会，邀请钱锺书参加。他坚谢不敏，并写信说：『盛谊隆情，为人子者当铭心浃骨。然窃以为不如息事省费。（先君）三不朽自有德、言、功业在，初无待于招邀不三不四之闲人，谈讲不痛不痒之废话，花费不明不白之冤钱也！』

經典事例

尹绰与赦厥

尹绰和赦厥都是赵简子手下的官员。赦厥为人十分圆滑，善于见风使舵，看主子的脸色行事，从来不说让赵简子不高兴的话。尹绰却不是这样，他性格耿直，对主子忠心耿耿，做事尽职尽责。

有一次，赵简子带着尹绰、赦厥以及其他随从外出狩猎。赵简子看到一只灰色的野兔从草丛中窜出来，于是命令随从全部出动，策马扬鞭，追捕野兔，并且声称：谁抓到野兔谁就受赏。

随从人员奋力追捕野兔，结果把一大片庄稼都踩坏了。野兔最终被抓到了，赵简子十分喜悦，对抓到野兔的那个随从大加奖赏。众随从无不连连称赞，只有尹绰表示反对，指出赵简子的做法十分不妥。赵简子听了他的话以后很不高兴，说道：『这个随从听从我的命令，动作迅捷，能按照我的旨意做事，我为什么不能奖赏他呢？』尹绰答道：『他只知道讨好主人，而不顾老百姓辛辛苦苦种出来的庄稼，这样的人不值得奖励。不过，错误的源头应该是在您的身上，如果您不下达那样的命令，他就不会那样去做。』赵简子听了以后嘴上没说什么，可心里闷闷不乐。

又有一次，赵简子因为前一天晚上饮酒过量，醉卧不起，一直到第二天晌午，仍在睡梦中。这时，楚国的一位贤士应赵简子三个月前的邀请前来拜见，赦厥接待了那位贤士。

为了不打扰赵简子，赦厥委婉地推辞了那位楚国贤士的求见，结果使那位贤士败兴而去。赵简子直到黄昏时分才醒来，这时赦厥前来进见。他除了询问赵简子睡得是否香甜外，对来人求见之事只是简单地敷衍了几句。

赵简子时常对手下人说：『赦厥确实是我的好帮手，他是真心爱护我，从来不在别人面前指出我的过错；可尹绰却不是这样，他对我的任何缺点都不放过，还经常当着大家的面对我吹毛求疵，一点也不顾及我的尊严。』

尹绰听到这些话以后，就去找赵简子。他对赵简子说：『您说错了！我作为臣下，就应当帮助您改正错误。赦厥从来不批评您，是因为他从不留意您的过错，更不会教您改过。而我总是注意您的为人处世和平时的一举一动，凡是有不检点或是不妥之处，我都要为您指出来，好让您及时改正，只有这样，我才算是尽到了臣子的职责。如果我连您错误的一面也加以爱护，那这对您有什么好处呢？错误有什么可爱的呢？如果您的错误越来越多，那又怎么能保持您的尊严呢？』

赵简子听了这番话，若有所悟。

尹绰的所作所为，与『众人』大不相同。他能够以自己独立的眼光来冷静地认识事物，不畏权势，特立独行，正如『独异于人』的老子。尹绰正确地认识到了一个人应有的处世之道，并能够排除外界干扰而加以践行，表面上看来『独顽且鄙』，实际上反映出了得道者的智慧。

第二十一章

题解 本章开宗明义地阐述了『道』和『德』之间的关系，认为即使德是广大和无所不包的，也不过是由道所衍生的，受道的支配，『惟道是从』。

老子以敏锐的洞察力认识到万物起源于『惟恍惟惚』的『道』，这在两千多年前的春秋时期是十分难能可贵的。『道』在冥冥之中产生万物，又无时无刻不在主宰着万物，人间的一切规律、道理都源于『道』，并被称之为『德』。

老子所说的『道』，有精神的一面，也有物质的一面，有虚无的一面，也有实际的一面。『道』虚无缥缈，却可以隐约地感觉到，这是因为『其中有象』、『其中有物』、『其中有精』、『其中有信』，『道』无所不在。世间万物都是由『道』所萌发，『道』又与万物共存，互不分离，相互感知。

本章上承第一章的『道可道，非常道』，下启第二十五章的『独立而不改，周行而不殆，可以为天下母』，突出了『道』在大自然中的非凡作用，又指出人世间的『德』是由『道』所生成的。

原文 **孔德之容①，惟道是从②。**○王弼《道德真经注》：孔，空也，惟以空为德，然后乃能动作从道。○明太祖《御注道德真经》：孔德之容者，言大德之貌，若行道者能踵斯以为式，可不非常道也。○王夫之《老子衍》：私天之机，弃道之似，夫乃可字之曰『孔德』。**道之为物，惟恍惟惚。**○河上公《老子章句》：道之于万物，独恍忽往来，于其无所定也。〇王弼《道德真经注》：恍惚无形，不系之叹。**惚兮恍兮，其中有象**③；**恍兮惚兮，其中有物**。〇王弼《道德真经注》：以无形始物，不系成物，万物以始以成，而不知其所以然，故曰，恍兮惚兮，其中有象也。〇王夫之《老子衍》：两者相耦而有『中』。『恍惚』无耦，无耦无『中』。而恶知介乎耦，则非左即右，而不得为『中』也？『中』者，入乎耦而含耦者也。**窈兮冥兮**④，**其中有精**⑤；**其精甚真，其中有信**⑥。〇王夫之《老子衍》：虽有坚金，可锻而液；虽有积土，可漂而夷；然则金土不能保其性矣。既有温泉，亦有寒火；然则水火不能守其真矣。不铣而坚于金，不厚而敦于土，不暄而炎于火，不润而寒于水者，谁耶？阅其变而不迁，知其然而不往；故真莫尚于无实，信莫大于不复，名莫永于彼此不易，而容莫美于万一不殊。**自今及古，其名不去，以阅众甫**⑦。〇河上公《老子章句》：自，从也。自古至今，道常在不去。阅，禀也。甫，始也。言道禀与，万物始生，从道受气。〇王夫之《老子衍》：王辅嗣曰：阅自门而出者，一一而数之，言道如门，万物皆自此往也。**吾何以知众甫之状哉？以此**⑧。〇河上公《老子章句》：吾何以知万物从道受气。此，今也。以今万物皆得道精气而生，动作起居，非道不然。〇王弼《道德真经注》：此上之所云也。言吾何以知万物之始于无哉，以此知之也。

注释

①孔德之容：即洞察、审视德的形容。孔，洞察的意思。容，即指形容。②唯

道是从：是只遵从『道』的。③象：形象。④窈兮冥兮：窈，深且远。冥，昏昧。这里形容『道』的昏昧不明，使人看不清楚。⑤精：指精气。⑥信：有信息，可靠的。⑦以阅众甫：即依据精气来认识万物的缘起。众甫，这里指万物的缘起。⑧此：这里指『道』。

译文 审视『德』的形态和运行，是遵循于『道』来变化的。『道』作为一种存在，是恍恍惚惚的。它是那样恍恍惚惚啊，其中却有形象。它是那样恍恍惚惚啊，其中却有物质。它是那样悠远模糊啊，其中却有精气；这精气非常真实，是值得信赖的。从古至今，它的名字一直不曾消亡，根据它才能认识万物的初始状态。我凭借什么知道万物之始的呢？凭借的是『道』。

读解心得 关于『道』的存在形式，学术界曾有一致的观点—『道』是一种绝对精神，不存在物质形式。让我们来看看本章内容：『道之为物，惟恍惟惚。惚兮恍兮，其中有象；恍兮惚兮，其中有物。窈兮冥兮，其中有精；其精甚真，其中有信。』既然是『道之为物』，并且『有物、有象、有精、有信』，那么『道』就不会是绝对精神的，而应该是物质化的东西了。对于研究『道』的现代人来说，这具有很重要的意义。

本章不仅明确指出了『道』的唯物主义性质，即『道』的客观存在性，也告诉我们『道』是具有具体形态的。此外，在本章中，老子告诉我们，『道』是万物的本源，是永恒存在的，而且，『道』中存在着讯息，是可以信赖的。

在本章中，老子提到了『德』—『孔德之容，惟道是从。』

何谓『孔德』呢？在河上公的注中，我们看到了如此的解释：『孔，大也。有大德之人无所不容，能受垢浊，处谦卑也。』自古以来，很多学者也都遵从这种说法，但是，这种说法有待商榷。

在此，我们不妨先来考究一下『德』的本意和来源。

说到『德』，就不得不说一下『得』。在商朝晚期，统治阶级十分崇尚『得』，致使商代社会中出现了贪得无厌，甚至为了『得』不择手段的风气，尤其是在商王朝的末期，这种尚『得』的

高山流水觅知音

著名琴师俞伯牙于山中觅得知音钟子期，不禁激动万分。人生得一知己足矣，故在钟子期死后俞伯牙把琴摔碎，从此不再弹琴。

风气更是达到了高潮。当然，任何社会都有另类的，在这个尚『得』成风的社会里，偏偏有人以『不得』作为自己的行事标准，并且，他还以此做出了一番事业，他是谁呢？他就是周古公亶父。当时，『犬戎』不断袭击中原居民，周古公亶父为了避『犬戎』之祸，只好『不得』——放弃了原来的居住地，带领其家族迁居岐山，站稳脚跟后，他还因其『不得』的精神，感化了附近小国前来归附。在取得了以上成绩之后，周人总结经验，提出了『不得』的思想方针。

这就是『德』的来源，也就是《老子》中所说的『德』。

那么，『孔德』又是什么呢？其实，『孔』就是『洞察、观察』之意了。所谓『孔德之容，惟道是从。』，所论及的正是『道』与『德』的关系，即，『道』是永恒存在的，它要发挥作用，就必须通过『德』。

經典事例

高山流水

俞伯牙是春秋时期晋国的上大夫，也是历史上有名的琴师。他从小就酷爱音乐，他曾跟随他的老师成连到东海的蓬莱山感受大自然的神奇壮美，使他从中领悟到了音乐的真谛。他的琴声优美动听，如高山流水一般流畅、和谐。虽然有很多人赞美他的琴技，但他却认为，一直没有找到能够真正听懂他琴声的人。他一直不停地寻觅自己的知音。

有一次，俞伯牙奉命出使楚国。八月十五那一天，他的船行到了汉阳江口。没想到遇到了风浪，只好把船停泊在一座小山之下。到了晚上，风浪逐渐平息了下来，云影浮动，明月高悬，夜色十分迷人。俞伯牙望着空中的皓月，琴兴大发，于是拿出随身携带的琴，专心致志地弹奏起来。正当他沉浸在优美的琴声中的时候，忽然看到岸边有一个人一动不动地站着。俞伯牙吃了一惊，只听『啪』的一声，琴弦断了一根。俞伯牙正在疑惑之时，只听那个人大声地对他说：『请先生不要疑心，我是个樵夫，回家晚了，路过这里避雨，刚才听到您的琴声绝妙，禁不住站在这里听了起来。』

俞伯牙借着月光仔细观看，只见那个人身披蓑衣，旁边放着一担干柴，果然是个樵夫。俞伯牙心想：一个打柴的人，怎么会听懂我弹奏的琴呢？于是他就问道：『既然您懂得琴声，那就请您说一说，我刚才弹的是什么曲子？』

那个樵夫听了俞伯牙的问话，笑着回答：『先生刚才弹奏的是孔子赞叹其弟子颜回的曲子。只可惜，您弹到第四句，琴弦就断了。』

樵夫的回答一点不错，俞伯牙不禁大喜，连忙邀他上船来细谈。那樵夫看到俞伯牙弹的琴，便说：『这是传说中伏羲氏造的瑶琴啊！』接着他就把这琴的来历说了出来。听了这个樵夫的讲述，俞伯牙心里不由得暗自佩服。接着，俞伯牙又弹了几曲，请樵夫辨识其中的意味。当他的琴声高亢雄壮的时候，樵夫说道：『这琴声，像高山一样雄伟。』当琴声变得清丽柔和时，樵夫又说：『这琴声，像流水般连绵不绝。』

俞伯牙听了他的话之后不禁惊喜万分。他常常用琴声来表达的心意，以前没人能够听懂，而面前的这个樵夫，竟然能够听得明明白白。他万万没有想到，在这山野之中，竟然遇到了自己寻觅已久的知音。于是他问明了樵夫的姓名，原来，这个樵夫叫钟子期。两个人越谈越投机，感到相见恨晚，便结拜为兄弟，并约定明年的中秋再到这里相会。

和钟子期洒泪分别之后，到了第二年中秋，俞伯牙如约再次来到汉阳江口，可是他等了很久，也不见钟子期前来赴约。于是他弹起琴来想召唤这位知音，可又过了很长时间，还是不见钟子期的到来。第二天，俞伯牙向住在这附近的一位老人打听钟子期的下落，这位老人告诉他，不久以前，钟子期不幸患病去世了，他在临终前曾留下遗言，要把他的坟墓修在江边，到了中秋节相会的时候，好再听到俞伯牙的琴声。

听了老人的这番话，俞伯牙悲痛万分。他带着琴来到了钟子期的坟前，凄凉地弹起了著名的古曲《高山流水》。奏罢，他长叹一声，把陪伴自己多年的瑶琴在旁边的青石上摔了个粉碎。他满怀悲伤地说：『我唯一的知音已经不在了，这琴还能弹给谁听呢？』

两位『知音』的故事感动了后人，后来人们就在他们当初相遇的地方建起了一座古琴台。直到今天，人们还时常用『知音』来形容朋友之间深厚的情谊。

正如老子所言，俞伯牙的琴声『惟恍惟惚』，一般人是听不出其中的奥妙的。只有钟子期这样的知音，才能够洞察到琴声中的『象』、『物』、『精』、『信』。实现这样的目的，老子用的是『道』，而钟子期的『道』又是什么呢？史书没有给我们答案，这个答案本身就是缥缈恍惚的。

第二十二章

题解 『木秀于林，风必摧之』和『塞翁失马，焉知非福』反映了事物都存在着对立统一的两面。辨证思想是老子思想的精髓之一，本章就反映了老子的辩证思想。老子用曲与全、枉与直、洼与盈、敝与新、少与得以及多与惑来阐述『道』顺其自然的理论。

本章所论述的关键在于『不争』。老子认为，『不争』符合『道』的本质，炫耀、贪婪、争强好胜之人正因为违反了『道』，所以注定要失败。『洼』就如同一只空杯子，『盈』就像装满水的杯子，只有空杯子才能容纳更多的水，满了则会溢出。普通人看问题很片面，或者看不到深层内容，或者看不到相反的另一面。圣人却能遵守和运用『道』，全面而深刻地认识事物的本质。因为物极必反，所以『曲则全』。老子的核心政治思想是『无为』，『不争』就属于无为的一个方面。

原文 **曲则全①，枉则直②，洼则盈③，敝则新④，少则得，多则惑。**〇王夫之《老子衍》：事物之教，有来有往。迎其来，不如要其往；追其往，不如俟其来。而以心日察察于往来者，则非先时，而即后时。先既失后，后又失先，劳劳而愈不得；故小智日见其余，大智日见其不足。大道在中，如捕亡子而丧家珍，瞀然介马以驰，终日而不遇，则多之为惑久矣。**是以圣人抱一为天下式⑤。**〇王弼《道德真经注》：一，少之极也。式，犹则之也。〇唐玄宗《御注道德真经》：圣人抱守淳一，故可以为天下法式。**不自见⑥故明，不自是故彰⑦，不自伐⑧故有功，不自矜⑨**

故长。〇宋徽宗《御解道德真经》：不蔽于一己之见，则无所不烛，故明。不私于一己之是，而惟是之从，则功大名显，而天下服，故彰。《书》曰：汝惟不伐，天下莫与汝争功。《书》曰：汝惟不矜，天下莫与汝争能。〇明太祖《御注道德真经》：此四自字之设文，不过明前曲枉洼敝少多六字之机也。**夫唯不争，故天下莫能与之争。**〇河上公《老子章句》：此言天下贤与不肖，无能与不争者争也。〇唐玄宗《御注道德真经》：不与物争，谁与争者，此言天下贤与不肖，无能与不争者争也。**古之所谓曲则全者，岂虚言哉！诚全而归之。**〇明太祖《御注道德真经》：但前通则后亦然矣。纵使尽知，不过泛文耳。〇王夫之《老子衍》：一曰冲，冲曰常。守常，用冲，养曲为全，明于往来之大数也。

注释 ①曲则全：委曲者反得以保全。②枉则直：弯曲反得以伸展。枉，指弯曲。③洼则盈：低洼之处反得以充盈。④敝则新：破旧的事物反而能够孕育新事物。⑤圣人抱一为天下式：圣人坚守『道』而判断天下的吉凶祸福。一，这里指『道』。式，在古代『式』是一种占卜工具，占卜者根据『式』转动的结果来占卜吉凶。在这里，『式』喻指『道』。⑥自见：自我显示。⑦彰：彰显，使人看到。⑧伐：夸赞。⑨矜：骄傲。

译文 委曲反能保全，绕弯反能直达，空洼反能充盈，陈旧反能返新，少取反能多得，贪多反能迷乱。所以，『圣人』持守唯一的『道』作为天下的规范。不自我显示，反能彰明；不自以为是，反能明辨；不自我夸耀，反能有功；不妄自尊大，反能长久。只有不与他人争斗，天下才无人能与之争斗。古人所说的『委曲反能保全』这样的话，怎么会是假话呢？确实是一个全面的概括。

读解心得

庄子曾在其作品《南华经》中如此解说老子之道：『人皆求福，己独曲全。曰：「苟免于咎」。』

在本章中，老子详细辩述了『全』与『曲』的关系，他认为，所有的事物都是在对立的矛盾中产生并发展的。人们若想了解一个事物，就必须从矛盾的两面去看待事物，看到正面，就要想到负面，分析正面，也必须注意负面，从更加全面、深刻的角度去看问题。

唯有如此，人们才能完全把握事物的状态，不会『一叶障目，不见泰山』，被眼前的蝇头小利蒙蔽而看不到长远的、全局的利益，才可以更加理性地处理问题。

在本章中，老子劝解人们要抱着谦和的态度，这样，事物可能会向着更加有利于己的方向发展。比如，人们自以为理曲的时候，就将获得理全的结果。即为：曲则全，枉则直，洼则盈，敝则新，少则得，多则惑。

不可否认的是，在人类的历史中，有不少例子正是印证了这一规律。

在宋代的时候，有个叫陈正之的人，他幼年时候十分愚钝，私塾中其他的孩子都已经背熟了几百字的文章，而他费尽了力气也才认识几十个字。就算是篇幅短小或者内

容浅显的文章，他读了几十遍也还是结结巴巴，难以流利背诵。因此，他常常别同学们嘲笑。但是他并没有灰心，他下定决心，以勤补拙|别人读一遍，他就读几遍，别人读一个时辰，他就读几个时辰，就这样，他通过比别人多几倍的努 力，终于成为当时有名的学者。

在本章中，老子还论述了『争』与『不争』的关系。他说：『夫唯不争，故天下莫能与之争。』

其实，『争』势必会带来对立，而对立的双方又常常是相互依赖，相反相成的，在这种意义上来说，『争』，正是给了对方更加强大的机会，也就是说，『争』，常常是一种成全。

而所谓『不争』，更常常是强者才会选择的态度，试想，可以选择『不争』以消除『争』的，不是强者又是谁呢？

我们东方自古就有以退为进的哲学，在《老子》中，老子将这种哲学透彻地阐述出来，在本章中，老子言道自减的人生态度，即要谦和不争、要清静无为，但正是自减，方是达到自加目的的手段，换言之，自减就是最大的自加，自加就是最大的自减。

經典事例

秦武王举鼎

公元前311年，秦惠文王去世，太子嬴荡继承王位，就是秦武王。

大衍之数

五配二成七 故二七為火
五配四成九 故四九為金
五五合十 為土 十字者五 土也
三配五成八 故三八為木
五配一成六 故一六為水

大衍之数图

出自《周易》，是一种筮草占卜的方式。

鼎

鼎是重要的礼器，在中国古代被视为国家政权的象征，所以很多诸侯国对周室的九鼎垂涎三尺。

秦武王身强体壮，膂力过人，勇武好战，平时好以角力为乐。只要是勇力超凡者，他发现之后都提拔为将，陪驾左右。乌获和任鄙两个人以勇猛力大而闻名，秦武王就破格提拔他们俩，给予高官厚禄。齐国有个人叫孟贲，力大无穷，勇冠三军，据说他陆行不怕虎豹，水行不怕蛟龙，一个人能同时制服两头野牛。他听说秦武王喜好勇士，就到咸阳面见秦武王，后来被任用为将，与乌获、任鄙一样，享受优越的待遇。

早在秦惠文王在位时，张仪就向秦国献计：秦国进兵中原，先夺下韩国军事重镇、周朝都城洛阳的门户—宜阳，然后再以宜阳作为跳板，钳制周天子，以占有九鼎为象征，挟天子以号令诸侯，从而建立中原霸业。当时的秦惠文王为了巩固后方而集中力量灭蜀，暂时把张仪的计策搁置一旁。而秦武王即位之后，已经灭蜀，此时后方巩固，国力鼎盛，秦武王就想对外征伐，于是想起了张仪的前言。

他对左丞相甘茂、右丞相樗里疾说：『寡人自幼生长在西戎，没有去过周都洛阳，不知中原地区有多么繁华。寡人希望有一天能够驾车进入周王畿游历一番，亲睹周天子的重器九鼎。若能如愿，寡人死也心甘了。不知道二位，谁能为寡人攻打宜阳，进兵中原？』樗里疾答道：『宜阳城池坚固，兵精粮足，而且路途遥远，倘若魏国和赵国出兵援救宜阳，那么秦军就等于是孤军深入险境，一日作战失利，后果将不堪设想。』

秦武王听后，心里很不高兴。这时，甘茂献计说：『要伐宜阳，必须先破坏韩魏两国的联盟，只要让魏国帮助我们，赵国就不会越魏救韩。韩国被孤立，宜阳城就很容易被秦军攻破。』秦武王听了大喜，马上派甘茂出使魏国。甘茂到了魏国以后，以共享伐韩之利来引诱，与魏王建立了秦魏共同伐韩的联盟。甘茂怕秦武王听信樗里疾之言而反悔，就派副使报告武王：『魏王现在已经同意与我们秦国共伐韩国。虽然已经得到了魏国的支持，还是不伐宜阳为好。』武王听了报告，很不理解，亲自来到息壤召见甘茂，问他为何改变伐韩的计划。甘茂回答说：『宜阳城池坚固，而且兵精粮足。

秦军如果远行千里攻打宜阳，短期之内不一定有成效。如果攻打宜阳的时间过长，必然会有人在大王面前进谗言，大王如果听信了小人的话，那么为臣攻打宜阳不仅会失败，甚至还可能身败名裂。』

武王听罢坚定地说：『寡人不会听从小人的谗言，愿与你签订盟约，为你解除后顾之忧。』于是君臣二人当面签订了息壤之盟。

秦武王拜甘茂为大将，带兵五万攻打宜阳。甘茂用了五个月的时间，也没攻下宜阳。这时，樗里疾对武王说：『甘茂率兵攻打宜阳已经五个月了，如今将士们精疲力尽，锐气大减，再打下去，恐怕形势会发生变化，不如早日班师为好。』武王听了，就派使者召甘茂回朝。甘茂没有听从命令，而是写了一封信，让使者带给武王。武王拆开信一看，只见信中只有『息壤』二字，恍然大悟，想起了自己与甘茂的盟约，于是命乌获带领五万援军，帮助甘茂。甘茂得到了援军，兵力大增。他任命乌获为先锋，击退了韩国的援兵，很快攻陷了宜阳城，斩杀韩军七万余人。这一战韩国元气大伤，连忙向秦国求和。

秦军占领了宜阳之后，洛阳的门户大开。秦武王亲自率领任鄙、孟贲等精兵强将大举进攻周都洛阳。此时的周天子没有任何实权，无力抵抗，只好主动出迎秦军。

秦武王急匆匆地直奔周室太庙去看九鼎。只见九个宝鼎并排列在殿堂之中。据说，这九鼎原本是大禹用天下九州的贡金铸造成的，每个鼎代表一州。武王逐个观看，当看到代表雍州的鼎时，他对众臣说：『有人举过这个鼎吗？』守鼎人答道：『这个鼎重达千钧，谁能举得动啊！』武王又问任鄙、孟贲：『你们两个，能举起来吗？』任鄙知道武王自恃力大好胜，婉言推辞：『臣只能举起百钧重的东西，这鼎重达千钧，臣实在不能举起。』孟贲走到鼎前，说：『让臣试试，如果举不起来，请不要怪罪。』说罢，束紧了腰带，挽起衣袖，双手抓住两个鼎耳，大喊一声『起』，只见鼎离地面半尺多高，就重重地落下，孟贲顿时感到一阵眩晕，站立不稳，幸而被左右扶住，没有倒在地上。武王看了之后不由得发笑：『既然你能把鼎举离地面，寡人还比不上你吗？』任鄙劝道：『大王千万不要轻易试力。』武王固执己见，卸下了锦袍玉带，大步上前，任鄙拉着武王百般劝阻，武王生气地反问道：『你举不起来，还不愿意让寡人举吗？』武王说罢，伸出双手抓住鼎耳，心里想：『孟贲只能把鼎举起半尺高，我举起之后再走动几步，才能显出我的本领。』于是，他深吸一口气，使出全身力气，大喝一声：『起！』鼎被举起半尺多高，武王接着迈出左脚，可是右脚独力难支，全身失去了平衡，武王身子一歪，鼎落了下来，正砸到右脚上，武王惨叫一声，栽倒在地。手下人慌忙上前，把鼎挪开，只见武王的右脚已被压碎，血流满地。等到太医赶来时，武王已经昏了过去。到了夜里，武王自言自语：『心愿已了，死而无憾。』说罢，气绝而亡。

崇尚『曲则全』的老子向来反对争强好胜，在他看来，要想真正达到强盛的目的，就应该从看似相反的、柔弱的方向入手，而不能一味地逞强。秦武王固然力大无比，但他却为了逞匹夫之勇而举千钧之鼎，结果丢掉了性命，后人看来，岂不可悲？